Edicion original:
BOB ADAMS, INC Publishers

Titulo original:
Marketing Without a Marketing Budget

Traducción:
Víctor Magno Boyé

Diseño Tapa:
Américo Ruocco

COMO HACER
MARKETING
SIN RECURSOS

© 1991, by Ediciones Juan Granica S.A.
Bertrán 107
08023 Barcelona, España
Tel: 211-2112 / Fax: 343-418 46 53
Lavalle 1634 - 3º
Buenos Aires - Argentina
Tel: 46-1456 / Fax: 541-49-0669

ISBN: 84-7577-348-6
Depósito legal: B-20396/93

Printed in Spain

Impreso por Lifusa
Maestro Juan Corrales, 82-84
08950 Esplugues de Llobregat (Barcelona)

CRAIG S. RICE

ex presidente de
Royal Crown Cola Ltd., Canadá

COMO HACER MARKETING SIN RECURSOS

Cómo conseguir clientes ayer, sin aumentar los gastos y sin complicar sus planes más de lo que están...

Granica
EDICIONES

Dedico este libro a los muchos propietarios y gerentes de pequeña y mediana empresa que deben hacer frente al nuevo desafío del marketing, los problemas que involucra y las oportunidades cotidianas.

AGRADECIMIENTOS

Debo agradecer los esfuerzos realizados por la mucha gente que contribuyó a la realización de este libro, y entre ellos a:

Mis colegas y adjuntos de la Universidad de Chicago, De Paul University, Northwestern University, Burnett, Armour, Procter & Gamble, Royal Crown, ConAgra, y SBA.

Mi querida mujer Gwen y nuestros cuatro y crecidos hijos, Kathy, Carol, Dough y Steve, que aportaron su indispensable paciencia, afecto, aliento, sugerencias y sostén.

Finalmente, aunque no menos importante, a Brandon Toropov y Bob Adams, Inc., por haber editado, revisado y puesto en limpio el manuscrito.

"Nuestro primer deber es no ser pobres"

George Bernard Shaw

INDICE

PREFACIO

¿Por qué hay tantas personas que rechazan los libros sobre marketing?

Tal vez usted habrá pensado...

"En estos días en los que se hace uso de las computadoras con toda facilidad, ¿por qué será que hay tantos libros de marketing difíciles de leer?"

Si usted trabaja en una pequeña o mediana empresa debe estar necesitando la rápida ayuda de un libro de marketing, que evite las largas lecturas teóricas y los fastidiosos estudios de casos. El libro que usted necesita debe ser conciso y referirse directamente a los temas que le interesan. Debe responder a preguntas claves dándole soluciones posibles y redituables. Debe resultar de fácil lectura —aun en el caso de que usted disponga de poco tiempo. Finalmente, debe ofrecerle ideas fácilmente comprensibles y que puedan ser llevadas a la práctica de inmediato.

Este libro le brinda respuestas rápidas y comprobables. En él encontrará aquellas soluciones a los problemas más corrientes de marketing, con los que deben enfrentarse las empresas como la suya, o aquellas de pequeña y mediana envergadura que no pueden desperdiciar ni siquiera las más mínimas cantidades de tiempo y dinero para encauzar sus esfuerzos de marketing.

El énfasis se pone en las ideas prácticas que pueda realizar por usted mismo o encargar a otros. El acento no se pone en la teoría, sino en las etapas lógicas, realistas y que permitan OBTENER RESULTADOS.

Pero, ¿de dónde salen esas ideas? Las técnicas que se sugieren en este libro son las que han resultado mejores en los más altos niveles de los negocios estadounidenses. La razón por la cual se las ignora en las empresas más pequeñas no debe buscarse en que sean complicadas o de difícil realización práctica... ¡sino más bien en que esas técnicas en su mayoría no han sido adecuadamente difundidas! A través de este libro usted podrá beneficiarse con la experiencia de los muchos, numerosísimos profesionales del marketing que le han antecedido. Y lo podrá hacer sin verse obligado a recurrir a costosos gastos.

¿Quién puede leerlo? Este libro está destinado a quienes actúen en pequeñas o medianas empresas —quienes precisamente disponen de muy limitados recursos para el marketing. Específicamente se dirige a la gente que está ya en el marketing o que pronto estará, deseosa de avizorar los mejores resultados.

No importa cuál sea el monto de sus inversiones.

¿Qué pasa si el lector carece de tiempo? Mucha gente de negocios está en este caso, razón por la cual las ideas que se exponen en este libro han sido organizadas pensando precisamente en estos lectores. El texto puede ser leído en el orden en que usted prefiera. Puede hacerlo de la primera a la última página. Puede recorrer el índice buscando respuesta a una sola pregunta que sea imperiosa en determinado momento. Puede recorrer la lista de preguntas y sólo prestar atención a los capítulos que le parezcan aplicables a su negocio.

No hay premios para quien lea "realmente" el libro en su totalidad (a pesar de que quien lo haga ganará un valioso conocimiento sobre el tema). Por otra parte, no existe ninguna penalidad para quien "sólo" lo recorra para rastrear ideas interesantes. Cada capítulo está concebido como una unidad. Por lo tanto, el libro puede ser considerado como una herramienta, no como una obligación.

Pero, ya lea el libro en su totalidad o no, por favor trate de PROBAR algunas de las ideas que se sugieren. ¡Esto, sencillamente, le dará la noción del valor del material que tiene en sus manos!

¿PARA QUÉ NECESITO MARKETING?

¿Qué es el marketing?

La respuesta depende fundamentalmente de quien la responde. Significa cosas diferentes para gente diferente.

Para un vendedor, su venta personal. Para un hombre de empresa, su empresa. Alguien relacionado con los medios responderá: "Son los medios, por supuesto". Un profesor puede que disponga de una definición algo más académica: "El proceso mediante el cual los productores se esfuerzan ilimitadamente, para motivar y persuadir a los compradores". Un gerente de producción quizá diga: "¡Por lo general es una caterva de sinsentidos por los cuales la gente se afana sin que medie ninguna razón en particular!". Lo más probable es que no exista una respuesta completamente autorizada: hasta los gerentes de marketing tienen diferentes definiciones. Peter Drucker, uno de los consultores de negocios más destacados del mundo, dice que el marketing es "la línea divisoria de acción que se halla entre una idea, su realización y el uso del consumidor".

De acuerdo con esto Drucker considera al marketing la función principal de los negocios. Y este punto de vista no es de ningún modo desdeñable. Después de todo, la acción sin la comunicación es como guiñar los ojos en la oscuridad: USTED sabe lo que está haciendo, pero no lo sabe nadie más.

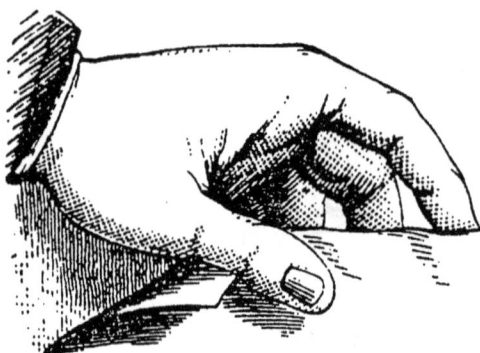

Los gerentes de marketing y otros que se dedican a la profesión, a menudo le darán una serie de detalles al pedirles que definan los componentes de los esfuerzos exitosos del marketing: producto, envasado, precio, premio, promociones, distribución física, personal de venta y publicidad.

Una definición práctica y valedera sería similar a la "línea divisoria" de Drucker. El marketing no puede existir sin un producto inicial o una idea de servicio y su subsiguiente desarrollo. Lo cual es estrictamente cierto, puesto que el marketing debe ligar la promoción y la publicidad con las ventas. Y, puesto que los clientes satisfechos tienden a volver por más mercadería (lo que no ocurre con los insatisfechos), los marketineros no pueden hacer caso omiso jamás de las percepciones del consumidor y sus niveles de satisfacción. La "línea divisoria" recuerda a la fórmula popular de C.S.R. (o "César"): Concept - Selling - Repurchase.[1]

En cuanto a los fabricantes, Juan Pérez tiene una idea y produce un nuevo producto. Trabaja con sus co-

---

1 Al no existir un equivalente de esta fórmula en español, se ha preferido dejarla en el original inglés. Quiere decir: Concepto - Venta - Recompra (N. del T.).

legas y los vendedores para desarrollar una campaña de ventas por telemarketing. Los clientes compran y vuelven a comprar los productos de Juan.

Para las compañías de servicios: María López desarrolla un concepto nuevo. Dirige un pequeño plan de ventas por cupón. ¡Y eso funciona! Los clientes la llaman por teléfono y ella multiplica sus ganancias.

Para minoristas: Carlos Rodríguez incorpora una nueva línea de televisores color. Ubica en el local algunos sólidos *displays* con su correspondiente promoción impresa (o *"shelftalkers"*). El producto tiene salida rápidamente. Los clientes, satisfechos, recomiendan la tienda a otras personas, generando de este modo futuras ventas.

Si estas definiciones tan amplias hacen aparecer al marketing como abarcándolo todo, ¡mejor que mejor! En realidad el marketing involucra a toda su empresa. De una u otra manera, sus decisiones de marketing y las decisiones que se derivan ejercerán su influencia en todos los niveles de crecimiento de su empresa. Usted habrá oído decir que "nada sucede en realidad hasta que alguien vende algo". Y esto encierra mucha verdad.

¿Es realmente necesario el marketing?

Esta pregunta puede tener muchas variantes: "¿Puede la sola fuerza del comercio hacer que las mercancías salgan de mi negocio? Si tengo una trampa mejor para ratones, ¿la gente vendrá en multitudes a mi negocio para comprarla automáticamente?". "¿Acaso no es la palabra hablada la que hace el trabajo? En realidad el marketing no me hace falta... ¿O quizá sí?".

¿Le hace falta el marketing? La respuesta es un rotundo "sí" —de lo contrario usted habrá de ubicarse en una de estas tres limitadas categorías: 1) Si tiene un invento sensacional (tal vez uno capaz de resolver alguno de los graves problemas nacionales, como la curación del cáncer, por ejemplo), los medios PODRÁN hacerle su marketing. O bien pueden ignorarlo completamente o, en el mejor de los casos, darle un tratamiento baladí e inmerecido. 2) Si ha tenido la suerte de haber realizado un negocio garantido (un contrato por tiempo indeterminado), puede ser que no tenga necesidad de salir a buscar nuevos clientes. Pero, sin embargo, ¡cuidado con las consecuencias!, si su "buena estrella" deja de resplandecer inesperadamente. 3) Si en realidad no desea hacer más ventas, no tiene mucho sentido desperdiciar tiempo y dinero tratando de descubrir a los clientes potenciales. (Ahora bien, ¡algunas compañías tienen DEMASIADO volumen! Y todos deberíamos encarar estos problemas).

La gran mayoría de las pequeñas y medianas empresas no caben dentro de estas categorías. Si usted está en alguna de ellas, lo felicitamos. Sin embargo, si como muchos de nosotros usted quiere aumentar el volumen de sus ventas, ganancias y/o reinvertir su patrimonio personal... entonces sí, el marketing no es solamente una necesidad, sino probablemente algo esencial. Se sobreentiende el BUEN marketing —es decir el que hace uso de sus recursos juiciosamente y produce resultados.

Recuerde: usted está compitiendo. Hay cierta suma de dinero gastada en su producto o agencia de servicios. La "torta" es precisamente así de grande y usted está tratando de ganarse una porción. Nunca alcanzará a tenerla toda entera, ni siquiera una mitad, pero puede tratar de obtener una tajada. Y lo mismo sucede con las porciones de los demás. Todos están compitiendo por esas tajadas; algunos las perderán.

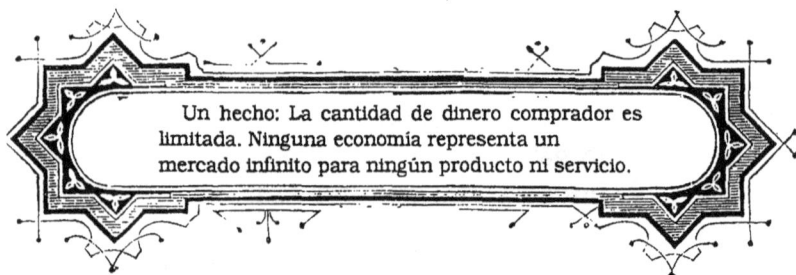

> Un hecho: La cantidad de dinero comprador es limitada. Ninguna economía representa un mercado infinito para ningún producto ni servicio.

En consecuencia, muchos pescadores andan detrás del mismo pez. Unos pocos podrán morder en un anzuelo sin carnada, y hasta algunos peces podrán meterse en el bote de un salto. Esto es raro, sin embargo. Se supone que quien habrá de pescar el mejor pescado será el que tenga la mejor carnada.

Usted está tratando de influir en el "destino de los hados" como se dice por ahí. Pero el posible comprador tiene muchos artículos para elegir en el mercado. Usted está compitiendo por una tajada de la torta y una parte de la mente del comprador. Muchas mentes equivalen a muchas manos, y muchas manos equivalen a mayor provecho.

Por cierto, una ola de tráfico intenso es de gran ayuda. Muchos peces siguen nadando al paso de su bote. Por lo tanto, a menos que realice algún tipo de esfuerzo de marketing, ellos seguirán... nadando detrás de usted. De alguna manera tiene que proponerse el DESEO de lanzarse a la acción.

Por cierto que es importante una "mejor trampa para ratones" y es también un producto probado; pero éstos no son los únicos elementos que hacen al buen marketing. Hace falta más para realizar la venta. ¿Cómo pueden saber los clientes potenciales sobre cualquier producto, revolucionario o no, si usted lo mantiene en secreto, encerrado en el depósito o en el laboratorio? Debe encontrar la manera de contar a los demás sus buenas nuevas. Sin embargo no es suficiente hacerlo hablando solamente. Usted debe presentar la noticia en su mejor aspecto (por ejemplo poniendo de relieve su propia selectividad y eficiencia... factores importantes en muchas de las campañas de marketing). Y debe comunicarse de tal manera que se le pueda entender. De otro modo, desperdiciará esfuerzos al difundir un mensaje incomprensible.

Cierto, la palabra hablada puede ser el mejor aviso. Shakespeare puntualiza que su reputación es su mejor capital. Pero, pregúntese: ¿de dónde proviene una buena reputación?, ¿quién maneja la palabra hablada? y ¿cómo nace? ¡Marketing! Todo comienza con usted. La palabra hablada lo relaciona, comunicándose, con sus compradores potenciales. Y ellos compran. Luego la palabra hablada comienza a difundir su reputación. Usted puede (¡y debe!) contar con eso para difundir la buena nueva. Sin embargo, no debe olvidar que la palabra hablada no se materializa más allá de la levedad del aire.

¿Es necesario el marketing? Con seguridad lo es, si usted espera: cautivar la mirada del potencial consumidor; ganar una tajada de la "torta" del mercado; influir en los "hados del destino"; comenzar a hablar; tener mayores totales de ventas; o decididamente acrecentar su fortuna y aprovechar los niveles sociales.

TRAINED SEAL WINE
ELECTRIC SIGNS MAKE NIGHT BEAUTIFUL
DO YOU LOVE THIS OLD MAN?
COCO-PUNKO
UNEEDA VACATION
ASK FOR AN EXTRA MONTH AND TAKE THE ERIE RAILROAD
FATAL WEDDING RYE
THE KIND WITHOUT THE TREMENS
NOT A LIZZARD IN A BARREL OF IT
THE COMPLEX
THE CAR THAT WON THE SCHENECTADY TO TROY ENDURANCE TRIAL
PUSHARD AUTO CAR
RED LABEL BEER
SELF PLAYING PIANOS
AUTOMOBILES
SYRUP OF PRUNES
RESTAURANT
FURS
AUTO HOSPITAL
AUCTIONS
GARAGE
SEAMLESS
WE WILL MAKE YOU LOOK EXACTLY LIKE A MAGAZINE COVER
FLOWERS
HATS
20¢ LUNCH
SALE
HARRY GRANT DART

El marketing es capaz de vender de todo... o no.

Este es un viejo mito, perpetuado por quienes no han tenido demasiada experiencia en la producción de ventas. Y quizás haya una pizca de verdad en la idea que dio nacimiento al mito. La gente ve una publicidad pobre y productos vulgares, y piensa que las grandes ganancias se hacen sencillamente cuando una empresa lanza una campaña de mayor envergadura.

La respuesta es: "El marketing no puede vender productos que den ganancias ilimitadas". Si así fuera, vendiendo basura viviríamos en el mayor esplendor. Aun los expertos más avezados en marketing se encuentran en serias dificultades para vender productos de escasa calidad. Respecto de esto existe un viejo dicho entre la gente de marketing: "El cliente no es estúpido; ¡el cliente es vuestra esposa!".

Cierto que un buen marketing puede llegar a vender un producto mediocre o servicios defectuosos. Pero no será por mucho tiempo para que se justifique su continuación y el costo que eso significa. A veces el buen marketing tampoco puede vender productos o servicios de primera línea con verdadero provecho.

Antes que nada hace falta contar con un buen producto o servicio; esto está sobreentendido en los mejores trabajos de marketing. Sin esta condición es muy probable que se vaya hacia un fracaso seguro. Un buen producto no asegura el éxito, pero es un buen camino para lograrlo. Se ha superado el primer obstáculo.

Quienes creen que a través del marketing es posible vender productos de mala calidad disfrutan de una ensoñación absolutamente irreal y costosa. Considérese esta espantosa idea como muestra: el buen marketing puede, rápidamente, poner a una firma comercial de baja calidad fuera de mercado... porque mucha gente probará el producto y, descontenta, difundirá opiniones negativas a las demás.

PRIMEROS PASOS

¿Por qué es importante la calidad; y cómo puedo saber si la estoy ofreciendo?

Usted debe entregar a su cliente un producto de innegable valor. Este valor está determinado por la apreciación del cliente, no por la suya propia. Si no lo hace así es poco probable que prospere su negocio. Existen tres razones fundamentales que le permiten al cliente percibir la calidad de su producto o servicio:

Concretar negocios repetidamente.

Estimular una positiva corriente de palabra hablada (lo que hará más rendidores sus esfuerzos de marketing).

Protegerlo desde el punto de vista de la competencia.

Tenga en cuenta que todo lo que le ha sido sugerido es simplemente que debe entregar al cliente un producto de INNEGABLE VALOR. El objetivo de ello es engendrar un positivo "Vale-realmente-lo-que-he-pagado-por-él" como reacción.

Advierta entonces, que si usted quiere satisfacer las necesidades y los deseos de sus clientes, no queda margen de duda de a quién debe usted escuchar. Por supuesto que no será a ninguno de los ampulosos consultores, autores o analistas de sistemas que hablan del desafío de la calidad a través de la radio o de la televisión. El consejo que le dieran podría ser útil; pero en realidad la última palabra le corresponderá a su cliente. Es a él o a ella a quien debe escuchar con la mayor atención —EN ESPECIAL si ese cliente está disgustado por alguna circunstancia relacionada con su producto o servicio.

Un cliente insatisfecho que se toma el trabajo de decirle lo que está mal es el más inestimable (¡y en forma gratuita!) de los consultores. Si le resulta molesto oír a los clientes que no están satisfechos de su producto o servicio, es USTED —y no el cliente— quien debe cambiar. Para mucha gente es difícil de comprender, pero cuando alguien llama a su empresa para exponer una queja, un problema o hacer alguna sugerencia, ¡debe interpretarse como un extraordinario golpe de suerte! Normalmente, esa persona le está advirtiendo un problema que muchos otros clientes ven, pero pasan por alto sin decir nada. Escuche las críticas con paciencia. Trate de hallar los medios de solución. Y por sobre todo trate de solucionar el problema para satisfacer a su cliente. Si actúa de este modo, pronto se sorprenderá de la lealtad que habrá de inspirar en él.

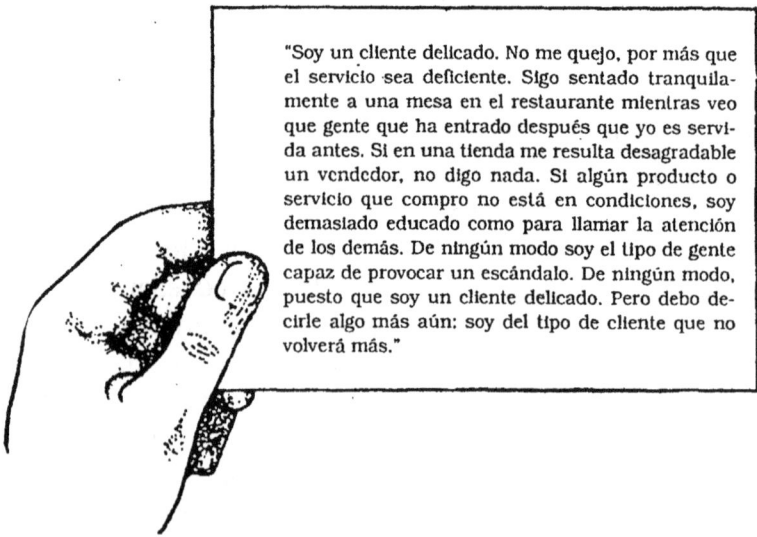

"Soy un cliente delicado. No me quejo, por más que el servicio sea deficiente. Sigo sentado tranquilamente a una mesa en el restaurante mientras veo que gente que ha entrado después que yo es servida antes. Si en una tienda me resulta desagradable un vendedor, no digo nada. Si algún producto o servicio que compro no está en condiciones, soy demasiado educado como para llamar la atención de los demás. De ningún modo soy el tipo de gente capaz de provocar un escándalo. De ningún modo, puesto que soy un cliente delicado. Pero debo decirle algo más aún: soy del tipo de cliente que no volverá más."

El absurdo (pero no infrecuente) espectáculo de una compañía que gira miles de millones de dólares, e invierte grandes sumas de dinero para atraer clientes potenciales, pero que emplea a un rústico y absurdo recepcionista para recibirlos, indica que ha errado de camino. Si se trata de hacer esfuerzos para llegar al público interesado en su producto o servicio, no tiene ningún sentido tratar de inconvenientes sus comentarios. Aunque el tono en que vuestro cliente formula su crítica es violento o cáustico, por lo general es posible neutralizarlo. Todo lo que usted debe hacer es mostrarle que está interesado en hallarle una solución al problema. Con frecuencia, cuando el cliente se da cuenta de que está hablando con alguien que quiere colaborar y es deseoso de compartir los puntos de vista con el usuario final, ¡el antagonismo se diluye instantáneamente!

¡Escuche a sus clientes! ¡Sin ellos, su empresa es un despropósito!

¿Cuál es el primer paso que debo dar?

> "PIENSE".
>
> TOM WATSON
> Fundador de IBM.

La respuesta es sencilla: ¡Piense!

No se apresure por nada. Evalúe sus circunstancias antes de emprender una acción. Una y otra vez las pequeñas empresas han probado con éxito que ésta es la más juiciosa de las filosofías para todas las situaciones: "Piense de a poco, piense cuidadosamente, piense progresivamente... ¡pero piense!".

Andan por ahí centenares de grandes empresas que tienen dinero de sobra pero no cuentan con demasiado capital en el departamento pensante. Todo lo que usted debe hacer es proceder a la inversa; disponer de un montón de estrategia y de audacia en las decisiones, y un modesto capital para gastar. (De ser posible, ningún dinero, puesto que a decir verdad es mucho lo que puede llevar a cabo, aunque sólo tenga un último centavo en el bolsillo).

¡Piense en el éxito! No en las formalidades y la burocracia. Específicamente:

Cuide cada centavo. Si está leyendo este libro, por otra parte, es muy probable que no tenga dinero de sobra para andar tirándolo por ahí. Piénselo dos veces antes de tomar una decisión. Después: piénselo dos veces más. Recuerde que se estima que de cada cien firmas que quiebran, ochenta lo deben a una defectuosa conducción. Pensar y prever pueden ayudarle a sortear esta trampa. Piense en las implicaciones de cada idea que considere, y no ceda ante todas las iniciativas. Eso es romance... no negocio. Si una perspectiva parece prometedora, mejor que mejor; pero si surgen señales de peligro, téngalos en cuenta.

Piense que puede aprender algo nuevo. Las grandes empresas suelen bromear pensando que han hallado el sistema preciso: "Si no ha quebrado, todo anda bien". Las pequeñas empresas están demasiado cerca del siempre cambiante mundo real para poder asumir esta ficción. Mantenga alerta sus oídos. Se verá registrando cosas que están a punto de fracasar, pero teniendo en cuenta las oportunidades que las rodean pueden llegar a materializarse.

Busque el consejo de la gente calificada. Consulte a la Asociación de Pequeñas y Medianas Empresas y los servicios gratuitos de sus asesores.

Escuche cuanto tengan que decirle. Es muy posible que le salga al paso alguna idea de provecho. De igual modo, es probable que pueda desechar otras, potencialmente peligrosas. Existen montones. No está obligado, por otra parte, a ajustarse a los consejos que no le convengan; todo consejo es absolutamente confidencial y no implicará ningún gasto para su empresa.

Complemente su estrategia triunfadora con el seguimiento de la marcha de cada una de las secciones de su organización. Una buena manera de lograrlo es motivar a sus colaboradores con el respeto mutuo y premios. Y no tenga miedo de reconocer cualquier mérito. Haga de su empresa una "religión"; luego trate de infundir en los demás el espíritu triunfador.

No espere que se realicen milagros. En el mundo real no existen, aunque duela decirlo, nadie va a golpear a su puerta porque haya fabricado una nueva trampa para ratones.

Por otra parte, una buena trampa para ratones no provoca nunca una sensacional afluencia de compradores. Piense en su propia vida y en la manera en que planea sus compras. Probablemente le cueste algún tiempo alterar algunos de sus viejos hábitos o cambiar una marca por otra. Lo mismo ocurre con sus clientes potenciales. El éxito no viene de la noche a la mañana.

Tenga pensamientos positivos; sea optimista; honesto; creativo; y ¡trabaje como un condenado!

¿Si soy una pequeña empresa, necesito tener un plan?

"Por favor, ¿me puede decir qué camino debo tomar desde aquí?", preguntó Alicia.

"Eso depende en gran parte de a dónde quieras ir", dijo el gato.

"No me importa mucho a dónde, en realidad...".

"En ese caso, no importa mucho cuál sea el camino que tomes", dijo el gato.

LEWIS CARROLL,
Alicia en el país de las Maravillas

Tomar las adecuadas decisiones en marketing no se diferencia de tomar las adecuadas decisiones en cualquier otra esfera o actividad. Al igual que Alicia en el país de las maravillas, usted no irá demasiado lejos si carece de un objetivo. La mayoría de los fracasos de las pequeñas empresas debe atribuirse a la poco eficiente planificación y a la deficiente administración más que a la insuficiencia de los recursos. Afortunadamente, existen unas pocas etapas que usted puede cumplir que le facilitarán la tarea de planificación. El proceso es conocido bajo el nombre de "dirección por objetivos" y ha resultado de gran utilidad para gerentes y ejecutivos de empresas. Por supuesto nada puede garantizarse taxativamente. No existe nada capaz de resultar efectivo el 100% de las veces; no obstante las sugerencias que ofrecemos pueden ser de alguna ayuda.

¿Cómo puede usted manejarse mediante objetivos? Bueno, comience por hacerse el propósito de poner cada cosa por escrito. Al hacer la lista de actividades a cumplir en las principales etapas (son tres) podrá tener en cuenta los diversos factores intervinientes. Intercámbielos entre sí. Reordénelos. Todo, sin arriesgar un solo centavo. El plan que formule puede desarrollarlo en el anverso de un sobre, en un papel sellado o en una procesadora de palabras, eso no tiene importancia. Lo importante es que el trabajo esté hecho a su medida. Trate de proceder de manera ordenada, lógica, comprensible a la lectura.

¿Por qué habría de molestarle escribir el plan? Existen dos buenas razones para hacerlo: 1) Un plan bien concebido le dará una considerable firmeza, autoridad y fuerza; si pretende obtener fondos de los inversores o conseguir un crédito bancario, un buen plan lo ayudará considerablemente. También impresionará favorablemente a sus socios, amigos, familiares, vendedores y comerciantes; 2) Lo que es más importante aún, le marcará la senda a seguir: un programa de acción y, eventualmente, un organigrama que le permitirá trazar con toda exactitud qué es lo que debe hacer y cuándo debe hacerlo. Veamos cómo funciona.

1) Defina su problema (o "situación") y, si puede, las oportunidades con que cuenta. Ponga todo el cuidado en ello; un problema bien definido, a menudo está medio resuelto.

Sea honesto al considerar las circunstantes que debe afrontar. Esto puede resultar difícil y requerir la consideración de riesgos considerables en los puntos claves de su organización. A nadie le gusta ser portador de malas noticias. Sin embargo, siempre es preferible tener a la vista todos los hechos, en especial los adversos y poco halagadores.

Existe un método sencillo para determinar su situación. Para ello debe tener en cuenta los siguientes interrogantes: QUIÉN - QUÉ - CUÁNDO - DÓNDE - POR QUÉ. Obtendrá sumariamente la información de mayor importancia.

2) Defina la meta (u "objetivo") a alcanzar. Sus objetivos deben apuntar a dónde quiere ir y qué quiere llevar a cabo. Típicamente se referirán a volumen de ventas o niveles de ganancia en un determinado período de tiempo. Pero no se confunda. Los problemas o las oportunidades no son metas, sino situaciones que deben ser resueltas.

Se sorprendería al ver cuánto tiempo pierde la gente en las oficinas de todo el país discutiendo un problema, dándolo vuelta del derecho y del revés, sin tener la más mínima idea de lo que quieren sacar a la luz de una mínima situación. No permita que le suceda lo mismo. Trate de condensar su meta en una sola frase. De este modo puede llega a tener sentido para todo el mundo y obtener de ello los resultados.

En general, las metas que desee alcanzar deben ser realizables: pero con cierta dosis de desafío. Deben ser a la par cuantitativas (incrementar el 10% de las ventas) y cualitativas (mejorar la imagen entre los clientes). No sea exageradamente preciso; la gente no tomará nunca en serio a un plan para "incrementar las ventas en un 10,36%".

3) Defina las opciones a su alcance (o "estrategias"). ¿Cuáles son las diez mejores maneras con que puede alcanzar sus objetivos? Póngalas por escrito. (Si se rige por ideas simplemente pensadas, comience la lista por las más descabelladas. Algunas de las mejores ideas surgen cuando uno se deja llevar considerando iniciativas que al principio pueden parecer tontas. En este estadio siempre debe hacer un examen de las estrategias riesgosas, no comprometiendo en ello los recursos).

Situación: sus ventas son bajas. Objetivo: quiere duplicar o triplicar las ventas. Estrategia: cambie el sistema de ventas en su local y considere la posibilidad de distribuir publicidad para que los clientes se enteren de ello.

Una forma útil para desarrollar su estrategia de mercado es la siguiente: Producto (o servicio) - Envase - Precio - Premio - Promoción - Vendedores - Distribución física - Publicidad. Esta lista le ofrece una rápida visión de las áreas más importantes a las que debe prestar atención.

4) Anote los pro y los contra (o, en lengua corriente, las ventajas y desventajas) que se le presentan. Sea brutalmente honesto frente a las desventajas que derivan de determinada acción. Y no lo haga sólo mentalmente; sino siéntese y desarrolle la lista en dos columnas y en un papel sellado, si fuera preciso. Esto permitirá que el proceso resulte mucho más efectivo.

5) No ejecute un *solo* magistral. Hable del asunto por lo menos con un amigo de confianza, un colega, o algún profesional con quien tenga relación; hágalo preferentemente con dos o tres.

6) ¿Sigue atascado, todavía? Si después de seguir las etapas que acabamos de delinear usted tiene dudas con respecto a la acción a seguir, probablemente necesite obtener mayor información. Consígala. Existen pocos problemas que no se puedan dominar si se tienen en cuenta los hechos que los determinan. ¡Algunos pueden ser dominados, justamente dominándolos! (Recuerde que "no hacer nada" es en realidad una decisión activa. Si se toman las previsiones debidas, "eludir" una decisión puede ser a veces una opción excelente).

7) Tenga siempre otra posición a mano. En el caso de que las cosas no anden, precisamente tener otra manera viable de encararlas ha salvado tanto el dinero como el proyecto. Los negocios son con frecuencia imprevisibles; lo que causa sensación el lunes por la mañana puede llegar a ser obsoleto el miércoles por la tarde.

¿Cuándo tiene que planear? Todo el tiempo. Tiene

que pensar continuamente en los próximos pasos a seguir, así como el corredor de autos o cualquier deportista siempre tiene que practicar nuevas tácticas. Ciertamente que un tiempo especialmente apropiado para planificar es antes de realizar cualquier inversión considerable. Después, puede ser tarde para hacer nada excepto calcular el dinero perdido.

¿Por qué debo prepararme tanto?

Porque está compitiendo. La competencia ha gastado meses —a menudo años— para prepararse. Usted está tratando de obtener "votos" o dólares con su proyecto. Lo mismo pretenden los demás. No puede entrar en esta batalla sin un plan de combate y la esperanza de ganar.

Si usted pretende seriamente tener éxito en los negocios y no es lo suficientemente rico como para considerar el fracaso como un hobby interesante, no tiene más remedio que prepararse. Los principios son los mismos que en el deporte, la guerra, la política, o cualquier actividad competitiva. Usted puede vencer realmente a su competidor ANTES de que haya comenzado la competencia. Por lo tanto, si usted decide convertir a su empresa en una decididamente superior a las más grandes, trate de hacerlo una y otra vez. Su compañía también puede llegar a serlo.

Caso histórico: Un equipo formado por un marido y su mujer, ambos ex gerentes de restaurante, quiere emprender un nuevo tipo de negocio. Estudia su posible clientela y decide en conclusión que hacía falta en esa zona un servicio de reparto de comidas a "alto nivel". Calcularon el costo probable que les demandaría y lo compararon con la posibilidad de sus recursos. Planearon la posibilidad razonable de ventas y ganancias posibles por el término de un año. Hablaron con potenciales clientes y consideraron algunos nombres para su empresa. Hasta que dieron con uno que les pareció obtendría la más amplia y favorable preferencia del público. Pidieron ayuda y consejo a sus futuros proveedores respecto del producto, la fijación de precios y los planes de distribución. Escribieron todo esto en un plan de varias páginas. Entonces —y sólo entonces— recurrieron a algunos para obtener dinero o para que invirtieran sumas insignificantes en su negocio. El plan impresionó a los inversores y fue también de utilidad para los empresarios, puesto que ellos se refirieron al mismo frecuentemente durante los primeros meses de las operaciones comerciales. Por supuesto, el plan nunca estuvo "terminado" —la realidad interfería en él. Algunos de sus aspectos claves habían sido mal comprendidos y tuvieron que ser revisados. Los ajustes constantes (que forman parte de todo negocio) se hicieron comunes. Y el nuevo negocio prosperó más allá de todas las expectativas iniciales.

¿Cómo pueden ayudarme a progresar los datos del mercado?

Le ayudan evitando que cometa serios errores. Las investigaciones demuestran que el "juicio" empresario sólo es correcto el 50% de las veces. ¿Sólo la mitad? ¡Eso quiere decir que el mismo resultado obtendría lanzando al aire una moneda! Es preciso que usted incline a los hados a su favor. Usted necesita hechos contundentes.

Las alternativas de mercado son el radar del buen marketing. Muy poco dinero invertido juiciosamente en esta área muchas veces puede evitar un desastre. Las malas (léase desinformadas) decisiones pueden desembocar en una catástrofe.

Si usted conoce cuáles pueden ser sus posibilidades, estará en mucho mejor situación para conducir sus esfuerzos de marketing. Esto que acabamos de decir puede parecer obvio, pero muchas empresas fracasan porque desperdician sus recursos en una clientela que no es la apropiada.

Averigüe qué quieren comprar. Esto le ayudará para saber qué debe vender... cuál es el producto o el servicio que debe planear y ofrecer. En estos también muchas firmas se han arruinado por sus errores, mientras que las decisiones adecuadas recompensaron ampliamente a otras.

Averigüe dónde puede hallar a sus clientes. Su localización geográfica: urbana o rural. El propósito: negocio o esparcimiento. El ambiente: la casa, la escuela, el trabajo.

Averigüe dónde sus clientes compran más. ¿En qué época?, ¿qué mes?, ¿qué día de la semana? ¿a qué hora del día? ¿por la tarde?, ¿al atardecer? En la conducción de muchos negocios es primordial el control del tiempo.

Averigüe cuál es la razón por la cual sus clientes compran. Sepa cuáles son sus motivaciones, sus razones para obtener un producto o contratar un servicio. Esto le ayudará en trazar su plan estratégico.

Averigüe quiénes son sus principales competidores... en qué sentido se hallan preparados. ¿Lo tiene bien definido usted? ¿Cómo puede usted compararse con ellos, desde el punto de vista de los clientes? Si usted les ofrece más que ellos (en todo sentido) tiene grandes posibilidades de éxito, pero si les ofrece sustancialmente menos, entonces debe repensar su propuesta.

Averigüe qué dicen los competidores de las propuestas que usted formula, a través del personal de ventas y publicitario. Si usted es capaz de decirlo mejor que ellos, entonces dígalo en voz alta, o expréselo en forma más convincente, probablemente usted será capaz de hacerlo.

¿Qué pasa si estoy equivocado?

Bueno, si usted pone un 100% de seguridad de éxito como condición previa de toda decisión, está equivocado. Por lo tanto, relájese. El riesgo forma parte del juego. Acéptelo.

Ahora bien, si a posteriori de haber elegido y puesto en práctica el plan A, éste no le gusta, es muy claro el camino a seguir: todo lo que debe hacer es respirar hondo y recurrir al método de Situación-Objetivo-Estrategia. ¿Está completamente seguro de que se había equivocado? Examine cada circunstancia en detalle. ¿Qué es lo que pretende usted en realidad frente a la situación que debe enfrentar ahora? Esta mañana — no ayer. ¿Cuáles son los pro y los contra de las varias sendas que usted puede elegir para lograr sus objetivos?

Si usted llega a la conclusión de que había cometido un verdadero error, congratulaciones. Usted pertenece a la especie humana. No se lo reproche indefinidamente — usted es el único "yo" que usted tiene. ¡Y va a necesitar de ese "yo"! Reconozca su error. Resuelva no VOLVER A COMETERLO. Dentro de lo posible, trate de reparar esa equivocación rápidamente sin tratar de disimularla. Emprenda un nuevo plàn.

Recuerde: ¡mañana es otro día! Mantenga sus esperanzas. Hay en todo el mundo una cantidad de gente que padece hambre, calamidades, represión, violencia, que se halla sin hogar. Mientras que usted tiene la gran suerte de preocuparse de la manera más eficaz de obtener ganancias a través de los esfuerzos de marketing que realiza, dentro de una avanzada sociedad económica. Si llega a cometer un error, no por eso la vida se va a detener. ¡Sonría, pues!

UN MONTON DE IDEAS ECONOMICAS CAPACES DE AUMENTAR LAS VENTAS DE INMEDIATO

¿Cómo puedo hacer
para promover
mayores ventas
si no tengo
mucho dinero para
gastar, o no lo
tengo en absoluto?

Usted dispone de docenas de opciones de bajo o nulo costo. Más adelante las enunciaremos por temas, y las completaremos con útiles referencias a las páginas en que se desarrollan en este libro.

Al formular no importa qué plan de marketing, su mejor posición será reformular varias aproximaciones. Con esto queremos decir que debe comenzar como por un "cóctel de marketing". Al usar este cóctel no tendrá que depender de ningún rubro en especial. Por ejemplo, un elemento como el precio especial puede interesar en una parte de su mercado. En otro aspecto puede ser interesante una producción especial. La expedición puede representar el tercer papel.

Ninguno de los tres ítems es capaz de motivar de por sí el éxito de sus proyectos. Pero al seleccionar más de una opción está poniendo, por lo general, a los hados en su favor.

Como regla general, las principales metas serán: 1) comuníquese con sus clientes; y 2) esté seguro de que su comunicación les dice algo sobre algún nuevo beneficio que les está ofreciendo.

A continuación, algunas ideas iniciales para comenzar a desarrollar sus planes. Cada una de ellas se amplía a satisfacción en otros capítulos de este libro. Usted deberá releerlos en el orden dado, de modo de tener una idea de cómo mezclar el "cóctel" de su empresa.

1) Ponga a prueba su producto o servicio. Esto atrae por lo general a los clientes existentes y, al mismo tiempo, le puede ofrecer un nuevo punto de vista para su promoción (véase pág. 35).

2) Ponga a prueba sus envases (véase pág. 77).

3) Ofrezca un precio especial (véase pág. 161).

4) Si lo juzga conveniente, ofrezca un premio o alguna ventaja a cambio de la presentación de alguna tarjeta de crédito. Resultado: formará una lista calificada de profesionales (y principalmente de buenos recursos) (véase pág. 294).

5) Si lo cree apropiado, considere las ventajas de hacer un sorteo. No necesita gastar demasiado dinero para ganar imagen entre los clientes (véase pág. 131).

6) Establezca algún tipo sencillo de promoción: bonos, rebajas, obsequios, entrega de muestras (véase pág. 69).

7) Perfeccione a sus vendedores (véase pág. 243).

8) Preste oídos a las ideas que pueda sugerirle el personal (véase pág. 267).

9) Mejore su catálogo (véase pág. 111).

10) Ofrezca más demostraciones personales de su producto o servicio. En esta misma línea, considere las muestras gratis (véase pág. 83).

11) Trate de formar una cooperativa o un programa de publicidad compartida con algún comercio minorista de mayor importancia (véase pág. 281).

12) Si lo juzga oportuno, renueve sus instalaciones mediante el empleo de estandartes o banderas, guirnaldas y carteles parlantes (véase pág. 87).

13) Use su propia lista de clientes en su provecho (véase pág. 289).

14) Considere la posibilidad de emprender una campaña de puerta a puerta hacia los clientes que dejaron de serlo. Muchos de ellos volverán a comprarle (véase pág. 119).

15) Aproveche los aspectos de interés que se puedan presentar a través de los medios. Haga amplio uso de la prensa (véase pág. 91).

16) Apoye a alguna obra de caridad, acontecimiento comunitario o algún esfuerzo en pro de la cultura, con lo cual su empresa ganará en imagen. Con seguridad la gente recordará lo que esté escrito, por ejemplo, al dorso de las bolsas o de los programas de la asociación auspiciante (véase pág. 127).

17) Organice una encuesta sobre el tema: "¿Por qué me gusta su marca?" (véase pág. 131).

18) Enfoque su mensaje principalmente hacia el cliente que viene por primera vez (véase pág. 108).

19) Ofrézcale al cliente que viene por primera vez condiciones especiales (véase pág. 108).

20) Solicite sugerencias a sus clientes para mejorar el marketing (véase pág. 131).

21) Observe a su principal competidor. Trate de emplear mejores medios que los suyos (véase pág. 137).

22) Pida referencias a sus clientes respecto de posibles proyectos (véase pág. 73).

23) Escuche atentamente las quejas de sus clientes y actúe de acuerdo con sus sugerencias (véase pág. 35 y ss.).

24) Emplee el envío de tarjetas postales recordatorias con el objeto de incrementar las actividades (véase pág. 105).

25) Instale displays de autoservicio (véase pág. 105).

26) Si lo cree conveniente, considere la posibilidad del envío de una planilla, cuyo reenvío completada se solicita, en la que describa a su compañía o sus productos, y su calificación (véase pág. 103).

27) Elija y trabaje con un buen distribuidor o mayorista (véase pág. 141).

28) Tome ventaja de los materiales gratuitos de promoción (véase pág. 277).

29) Trate de captar la atención favorable de los medios (véase pág. 91).

30) Asegúrese de que tendrá una participación favorable en las publicaciones del comercio y en los periódicos de la industria (véase pág. 99).

31) Ponga en circulación tarjetas comerciales recordatorias para alentar las preguntas de clientes y proveedores (véase pág. 145).

32) Para incrementar las ventas use certificados de compra (véase pág. 149).

33) Haga que el cliente se sienta cómodo al comprar en su negocio (véase pág. 151).

34) Lance las redes para acrecentar sus contactos en la esfera de su negocio (véase pág. 155).

35) Haga que su empresa esté representada en las muestras industriales (véase pág. 159).

36) Decida tener precios competitivos (véase pág. 161).

Además, he aquí una serie de medidas "fuera de presupuesto" que puede emplear para ahorrar dinero, encaminar sus operaciones y asegurar que sus esfuerzos de marketing sean lo más eficientes posible.

1) Considere las ventajas del trueque y del "pago en especies" (véase pág. 275).

2) Asegúrese de que su imagen (incluido el nombre de su empresa) sea positiva y orientada hacia el mercado (véase pág. 123).

3) Evite todo gasto en concepto de publicidad (en las Páginas doradas, por ejemplo) antes de que esté convencido sin la menor sombra de duda de que es estratégicamente necesario para su empresa. Sus recursos con frecuencia pueden ser dirigidos con mucho mayor provecho (véase pág. 211).

4) Aproveche los trabajos de investigación demográfica y de mercado que efectúan las grandes compañías, tomando nota de sus decisiones respecto del marketing y de la publicidad (véase pág. 281).

5) Tenga en cuenta las ventajas de disponer de un sistema de impresión computada para disminuir sus gastos de impresión (véase pág. 289).

6) Haga uso de los "software" públicos, antes que comprar equipos costosos (véase pág. 297).

7) Haga encuestas de bajo costo entre los consumidores antes de lanzar un nuevo producto o servicio (véase pág. 301).

8) Tome, motive y retenga a los vendedores altamente calificados (véase pág. 259 y 267).

9) Implemente las exitosas ideas sobre marketing y administración de empresas de los japoneses (véase pág. 185).

10) Esté preparado para los próximos proyectos (véase pág. 301).

¿Qué tipo de promoción puedo hacer para que los negocios se incrementen realmente?

En realidad, las opciones son ilimitadas. Muestras. Cupones. Descuentos. Todo esto cabe bajo el rubro "comercialización". La idea consiste en impresionar al consumidor respecto de tomar una decisión de compra. Su objetivo es neutralizar al azar antes de que el cliente llegue a seleccionar un producto o un servicio.

¡La comercialización es excitante! Y las oportunidades mucho más dramáticas de lo que podría esperarse. Quienes no trabajan en marketing raramente piensan en la comercialización. Piensan que el marketing consiste meramente en la publicidad y los agentes de venta. Pero, por supuesto, el marketing es de lejos mucho más que eso, y la comercialización puede ser uno de sus factores claves.

¿Cómo puede hacer uso de la comercialización una empresa pequeña? Veamos algunas ideas:

1) Controle su mercado. Tenga en cuenta cuanto haga a la competencia y la no competencia. ¿Podrá hacerlo? ¿Podrá usted hacerlo mejor que ellos, lo cual es mucho más importante?

2) Anote unos pocos programas que le parezcan buenos. Luego, consulte a los proveedores, a los clientes, o a ambos, que elijan el que prefieren. No prejuzgue los resultados del test. Trate de poner en práctica el plan vencedor en pequeña escala y aguarde a ver qué pasa; luego, evalúe los resultados.

3) Considere el sistema de cupones: "Este certificado vale por el 20% de su próxima compra". Esta táctica vende millones de productos a millones de personas cada día. Recuerde que sólo un pequeño porcentaje de los cupones es rescatado. Lo corriente es que las cuotas de rescate no superen el 5 ó el 10%.

4) Piense en las posibilidades de la oferta de un reembolso o de un premio. Por ejemplo, el cliente le da (o le envía) la comprobación de su compra, contra la recepción de un obsequio, un premio o determinado descuento en sus futuras compras.

5) Las "aperturas de cuenta" pueden llegar a ser grandes recursos, al permitirle ofrecer un tratamiento especial o algún premio a los clientes de primera vez.

6) Atracción similar puede producir la oferta de condiciones especiales a los compradores de mayor cantidad de mercadería, por ejemplo por parte de los minoristas. ¡Puede llegar a constituir una fuente de mayores ventas para las dos partes!

7) Si desea que la gente se aparte de un competidor reconocido, probablemente piense en considerar el "precio por paquete", que combina dos artículos bajo una leyenda "2 al precio de 1".

8) Demuestre su calidad. Muchas veces la mejor manera de obtener la aprobación de su producto es ofrecer muestras gratis (u ofrecer sus servicios a condición de prueba).

¿Cómo puedo aumentar la demanda de los clientes?

Existen dos grandes maneras de lograrlo.

La primera, de lejos la más directa, es ofrecer un descuento o una rebaja a los clientes habituales que le consigan nuevas fuentes de ganancia a través de sus relaciones. La logística de este sistema puede variar considerablemente según los casos; cierto taller mecánico de automóviles, por ejemplo, puede ofrecer un 20% de descuento por una futura puesta a punto si su cliente ha difundido una buena opinión respecto del alto nivel del servicio de ese taller.

Otro tipo de negocios puede imprimir un mensaje sobre sus envíos con las siguientes líneas:

"¡Le agradeceremos que nos recomiende! Junto a este envío encontrará un formulario donde se requiere información respecto de sus amigos o relaciones que puedan ser nuestros usuarios, y se interesen en nuestros productos. ¡Llénelo, por favor, y devuélvalo, y le remitiremos una calculadora de mano con nuestro agradecimiento!".

El costo de los regalos que envíe como resultado de esta campaña, por lo general compensará con creces las ganancias que obtenga. Por supuesto que sólo un pequeño porcentaje de los formularios le serán devueltos, pero la información que éstos le proporcionarán es muy probable que le permita acceder a una clientela de calidad.

La segunda posibilidad es más adecuada para el campo de los negocios en que prevalece el contacto frente a frente: por ejemplo, los consultores o los vendedores.

En este campo el secreto consiste en evitar los estereotipados e insistentes medios de presión que para lograr nuevas ganancias emplea con harta frecuencia la gente de negocios. Tenga en cuenta las preferencias y los objetivos de la persona con quien toma contacto, y en primer lugar establezca una relación entre ambos. Después, cuando se ha establecido ya cierto nivel de confianza, será natural que su interlocutor responda positivamente a su requerimiento de nombres de otras personas con quienes usted podría establecer contacto.

Para mayor información sobre este punto, podría interesarle consultar el último capítulo sobre los "contactos" (véase pág. 291).

"¿Por qué
es importante
la presentación?"

La presentación —el envase— es un factor nada despreciable. Y esto es así porque en muchos casos usted no necesita contar con un presupuesto de diez millones de dólares para lograr una presentación de su producto al alcance de cualquiera empresa mediana. ¡Con los más efectivos resultados! Si prefiere no tomarse el menor tiempo ni la menor molestia necesarios para lograr una presentación superior, entonces hará mejor en no tratar de vender el producto de ninguna manera.

En la industria publicitaria existe un dicho: "Si no se puede relatar un libro en su cubierta, las cubiertas sólo lograrán vender unos pocos libros". Si tiene que vender no importa qué producto, es forzoso que lo ponga siempre DENTRO de algo. Por lo general cuesta muy poco o nada hacer el diseño de un envase incitador y atractivo.

La buena presentación, educa a la vez que atrae, y quizá lo que es más importante, es el anuncio con el cual se enfrenta el consumidor cuando se halla en condición de comprar.

PARA LOGRAR UNA
PRESENTACION DE ALTO DISEÑO, USTED DEBE:

...conseguir un buen proveedor. Trabajar en intimidad con esa firma. Decirle al representante de esa empresa que usted quiere una presentación superior a precio razonable. A los buenos proveedores les gustan los desafíos. Poseen buenos diseñadores a quienes les encanta tener la oportunidad de crear.

...mostrar a su proveedor algunas muestras de la competencia. Participele alguna de sus ideas.Proporciónele datos importantes. Identifique los temas que quiere poner de relieve.

...alentarlo para que le presente UNAS POCAS IDEAS. Estas podrán basarse en sus comentarios y ser presentadas como maquetas que no requieren gastos. No pretenda una idea perfecta, definitiva, desde el principio.

...someter los diversos diseños a la apreciación de los proveedores o de los posibles clientes (véase el capítulo referido a las encuestas, pág. 301).

¿Por qué no "presentar" mi empresa, tal como presento mis productos?

Reflexione respecto de los detalles de su organización. Para lo que usted hace no dispone de una "caja", sino que tiene gente. Su apariencia forma parte de su "envase" o presentación. Algunas empleadas llevan uniformes, blusas o vestidos que responden a determinadas normas.

Puede también prestar atención a la calidad del membrete de su papelería, papel de carta y sobres. Estos ítems representan opciones de bajo costo que servirán para encuadrar a su empresa entre las de más alto vuelo.

Aun más importantes son sus folletos y catálogos. Con frecuencia estos elementos son lo único que los clientes tienen al alcance de su mano. Esté seguro de que a través de ellos logra transmitir la imagen que desea. Nunca llegará a saber cuántos clientes deciden no tener negocios con usted a causa de la pobre presentación que les ofrece en este aspecto.

Además, afirme a su empresa mediante visitas personales, llamados telefónicos, cartas, propuestas y formularios. ¿Son estos contactos de tipo profesional? ¿Sagaces? ¿Uniformes?

En una palabra, la imagen que ofrezca debe ser agradable, complaciente y espontánea, profesional e idónea. Recuerde que no cuesta mucho presentar un "envase" superior, pero que ¡a menudo puede resultar demasiado caro no hacerlo! No se desespere por el hecho de que por lo general no puede VER el costo que representan las ventas perdidas de la misma manera en que ve una factura que le llega por correo. Ambos tipos de pago son igualmente reales. Asegúrese de poder presentar a sus clientes la mejor cara del mundo.

¿Cómo puedo hacer uso de las muestras gratis para incrementar mis ventas?

Entregar muestras gratis de sus productos en el ámbito de sus ventas (por ejemplo, alguno en que la persona pueda decidir inmediatamente la compra del producto) puede ser un recurso efectivo para algunos productos. Alcanza mejores resultados cuando se las entrega personalmente. Hay muy pocas ocasiones en que las muestras gratis que se envían por correo llegan a dar resultados satisfactorios; por lo tanto no se aparte, dentro de lo posible, del nivel de persona a persona.

El cinco por ciento, aproximadamente, de la gente que acepta una muestra gratis decide comprar su producto en el momento o más tarde. Y este es un buen nivel. Sin embargo, existen varios "no" que se asocian a las muestras gratis que debe tener en cuenta.

Con el objeto de alcanzar los mejores resultados...

NO deje que una persona ruda, inepta, desprolija o de escaso atractivo se haga cargo de entregar las muestras gratis. (Esto implica, por supuesto, el caso de que usted tome a alguien para distribuir los productos, en vez de hacerlo usted mismo). Puede parecer cruel decirlo, pero en efecto conseguirá mejores resultados de un presentador de aspecto atrayente (hombre o mujer). La ingeniosidad y agudeza también tienen influencia, y, por supuesto, el presentador debe ser bien educado, confiable y no presentar problemas de higiene o de urbanidad.

NO le pregunte a la gente si quiere una muestra. Désela directamente.

NO espere que la gente dé comienzo a una conversación; ataque directamente el tema. Debe sonar algo como esto: "Buenas tardes; hoy estamos entregando muestras gratis de Mostaza Tal: ¡tómela! Esta mostaza tiene 'tal' ingrediente especial que la hace deliciosa y hoy está en venta a sólo 'tal precio' el frasco".

NO pierda su tiempo. Puede estar dando vueltas alrededor de un posible cliente o de veinte, pero eso no será de gran ayuda si sólo logra hablar con cinco personas en una hora. Mantenga el paso ágil y una actitud desenvuelta y hable con la mayor cantidad de gente posible.

John Wolcott Adams

¿Qué son
los shelftalkers
(carteles parlantes)?

El shelftalker es un pequeño trozo de papel impreso diseñado para ser adherido a (o colgado de) un estante. (Puede adaptarse también a otros lugares que no sean estantes). Está diseñado para que ocupe el lugar de un vendedor, para suministrar al comprador potencial las importantes ventajas del producto al cual se refiere. Si está bien diseñado puede en verdad cumplir la función de un vendedor silencioso... y no es necesario pagarle comisiones, ni lisonjearlo tampoco.

Siga la siguiente fórmula: "Dígalo con sencillez, ¡estúpido!". El texto de un shelftalker no excede las diez palabras y hasta menos. Bueno es tener presente una de las reglas para el diseño de carteles publicitarios dadas por el afamado administrador de empresa Leo Burnett. El preguntaba si determinado mensaje podía ser visto y comprendido a través de una ventanilla sucia por un conductor que pasara a cien kilómetros por hora, en una noche oscura, durante un temporal de lluvia. Si era posible, el mensaje tiene posibilidades de alcanzar a la audiencia. Si no lo era, era un gasto inútil.

Los consumidores que entran en un negocio no están conduciendo por una ruta a una extrema velocidad, pero tienen que vérselas con un montón de cosas que los distraen. Facilíteles las cosas. No debe enfrascarse en la lectura de un tomo de historia, de filosofía, un policial, ni nada de eso en una estantería. Simplemente debe hallar lo básico: bajo precio, nuevo producto, mejores resultados.

Adhiera el shelftalker al producto con elementos similares. Si el envase es verde, probablemente el shelftalker tendrá que ser también verde. Se puede también tener en cuenta la posibilidad de utilizar fotos de muy buena calidad o ilustraciones del producto.

En el shelftalker debe mencionarse el nombre del producto. Pero muchas de estas piezas están pobremente diseñadas y el probable comprador no es capaz de discernir en él las razones que recomiendan el producto. (Por ejemplo, "DESCUENTO 10%", sin que acompañe al cartel ninguna foto ni leyenda que identifique al producto). No suscite dudas respecto de la identidad y las cualidades de su producto, y déselas a conocer al comprador fácilmente. Tenga la seguridad de que está poniendo de relieve su calidad de manera sensacional. Casi literalmente usted podrá afirmar que ganará en un abrir y cerrar de ojos.

Los shelftalkers que se balancean, rebotan o cuelgan, han demostrado mejores resultados que aquéllos que simplemente están adheridos a un estante. Junto con su impresor considere cómo desarrollar al mejor precio el modelo más efectivo para usted.

¿Cómo puedo obtener publicidad gratis a través de los medios?

En primer lugar hace falta establecer que es una postura razonable declarar que lo que usted realmente persigue no es precisamente la publicidad gratuita, sino una publicidad gratuita realmente conveniente. Es importante establecer este distingo, puesto que hay quienes sostienen que aun la prensa negativa puede servir como medio de difusión y a la larga beneficiarlo. Debe haber alguna verdad en el viejo adagio en el sentido de que no importa lo que la prensa diga mientras escriba su nombre correctamente Sin embargo, si se nos da a elegir, todos nosotros preferiremos las publicaciones de éxito a los pasquines.

La atención favorable de los medios es comparable a la publicidad gratuita: ¡pero es mejor! La gente tiende a creer que las noticias informan con mayor facilidad que la publicidad. Y en verdad la creencia tiende a la acción, y lo que usted pretende es la acción. Aun más, las noticias y otros items editoriales es notorio que tienen más lectores que la publicidad por medio de avisos. (Cuando usted lee su diario de la mañana, ¿pasa por alto a los artículos para leer los avisos o hace totalmente lo contrario?).

Y ¿cómo se hace? Por lo general, debido a la iniciativa individual de un cronista (que usted no puede controlar) o como resultado de un informe de prensa (que puede controlar). Los informes de prensa pueden ser convenientes en extremo como instrumentos en sus esfuerzos tendientes al marketing, y totalmente gratuitos. Damos a continuación algunas sugerencias que puede tener en cuenta.

No redacte ningún aviso. Hacerlo sería la manera más segura de que su informe de prensa acabe en la sección de "avisos clasificados". Considere el asunto más bien desde el punto de vista del editor de la publicación. En primer lugar, para tener un tratamiento adecuado, el producto debe ser merecedor de una noticia. Esto no significa que su informe de prensa deba estar siempre sujeto a conferencias de prensa o largas sesiones de convencimiento. Todo lo que hace falta es que cuanto usted diga al respecto sea de verdadero interés para los lectores o los espectadores a quienes el editor trata de llegar. Este interés puede definirse de muchas maneras. Por lo general, debe revelar la presencia de uno de estos dos factores: a) alguna reacción emocional relativa a lo que se relate; b) una aplicación práctica en la vida real de la información que usted está ofreciendo.

No espere de todo esto sino una mención breve o casual de su empresa, productos o servicios. Pero recuerde que los materiales de redacción son mucho más influyentes en el ánimo del público que la simple copia de un texto preestablecido. Una ligera mención puede alcanzar gran resonancia.

En una palabra. Aborde el asunto de manera honesta e interesante, en no más de una página de texto. Evitará así todo el peligro de que sus posibilidades terminen siendo "echadas al canasto". Los editores son gente ocupada, que tienen cosas mucho más importantes que hacer que estudiar las comunicaciones de prensa que no han sido solicitadas. Lo más probable es que simplemente le den una ojeada a su material, antes que leerlo. Por lo tanto, trate de ser lo más conciso posible.

Manténgase en las normas convencionales de presentación de su escrito. Use papel blanco. Use tipos de letra y cuerpos corrientes, textos dactilografiados o procesados por computadoras. En el membrete deben figurar los datos para tomar contacto con la empresa y obtener mayor información, incluyéndose el número telefónico.

Busque el tiempo oportuno para la información. Difícilmente alguien se entusiasme ante la expectativa de un "nuevo" producto que apareció hace seis meses atrás. Los editores de publicaciones periódicas suelen decir que "No hay nada más viejo que las noticias de ayer".

De ser posible envíe fotos de su producto, en especial si se trata de interesar a los medios televisivos.

Comience con alguna frase capaz de grabarse en la memoria del lector.

"El agua que usted toma habitualmente puede contener un alto grado de contaminación — impurezas que escapan con frecuencia a los controles estatales y de las autoridades."

"¿Tiene usted menos de veinticinco años? En ese caso, es probable que usted esté pagando por el seguro de su auto mucho más que los de mayor edad."

"¿Se acuerda de qué programa de televisión estaba mirando ayer por la noche? Las mayores redes de televisión piensan que no; un estudio encargado por las broadcastings — que ha sido publicado recientemente en un folleto— revela que el 55% de los televidentes llegan a retener poco y nada del contenido —y ni siquiera de los títulos— de los programas de televisión que se emiten por primera vez."

Empiece desde abajo. Usted tiene una ubicación automática —un "in"— en los diarios, revistas y estaciones de radio y televisión de su zona. ¡Usted es un local! Trate de aprovechar esta circunstancia en su provecho... y de ahí en más, siga adelante.

De ser posible, entregue su informe de prensa personalmente, antes que por correo.

EJEMPLO DE INFORME DE PRENSA

A ser publicado de inmediato

Para mayores informaciones recurrir al señor Santiago Juanes, Martín Pes & Cía., Teléfono: 617-38349. Dirección postal: Avda. Cameldam 6025, Ciudad (C.P. 25468).

¿Son, acaso, ilegales estas preguntas?

"¿Prefiere que lo conozcan como Srta., Sr. o Sra.?". "¿Lugar de nacimiento?". "¿Edad?". "¿Qué edad tienen sus hijos?". "¿Cuál es su lengua materna?".

Lo son si usted está interviniendo en una entrevista para obtener un empleo.

¿Cómo puede alguien que es interrogado en este caso (él o ella) saber si una pregunta es ilegal? ¿Cómo debe manejarse la situación? ¿En qué circunstancias puede un cuestionario llegar a constituirse en motivo de pleito contra una empresa?

El experto laboral Juan Martínez puede aconsejarlo en estas y otras cuestiones de interés referidas a la solicitud de empleos. "Es frecuente, dice Martínez, que las preguntas discriminatorias aparezcan con tal aire de inocencia que los candidatos no se den cuenta de que están siendo usados para proporcionar informaciones que no hacen a su capacidad para hacerse cargo del trabajo".

El señor Martínez duda bastante también sobre la eficiencia de las pruebas de drogadicción y de los tests detectores de mentiras. Además, ofrece consejo a quienes se oponen moralmente a este tipo de pruebas para que sepan decir "no" a los tests sobre drogas sin perder el trabajo.

Juan Martínez, Presidente de la firma Estudios Martínez, ofrece concisos consejos relativos a orientación profesional en todos los niveles de empleos en el área Centro del país y se desenvuelve en numerosos proyectos de consultas empresarias. Ha participado de gran cantidad de seminarios y talleres de trabajo en el país sobre temas laborales. Su dinámica personalidad y su afabilidad han hecho de él un afamado conferencista y comentarista.

¡Conseguí un espacio en un programa televisivo! ¿Y ahora, qué?

Felicitaciones. Ahora es el momento de pensar.

En primer lugar, no divague. Considere si sus productos o servicios encuadran adecuadamente dentro del interés del público espectador. Si lo considera apropiado, haga alusión, discretamente, a su producto y compañía y, ocasionalmente, a algún tipo de información empresaria. No someta al dueño del espacio ni a la audiencia a los extremos de una subasta vocinglera. En caso de que así fuera, sólo lograría una atmósfera tensa, y no volverían a invitarlo.

Antes de aparecer en pantalla ensaye su parte con los amigos. Si cree que este tipo de actuación le resulta incómoda, trate sin embargo de someterse a ella. ¡Puede tener la seguridad de que se sentirá mucho MÁS incómodo y nervioso cuando esté en el aire!

Redacte una lista de diez preguntas referidas a usted, su empresa y las actividades a que se dedica — teniendo en cuenta una vez más el nivel de interés del público espectador. ¡Con mucha mayor frecuencia de lo que pueda imaginar, el conductor del programa le hará esas preguntas al pie de la letra, y le agradecerá al final del programa haberle proporcionado su hilo conductor!

Que sus respuestas sean breves e interesantes. ¿Se ha visto alguna vez obligado a soportar un verdadero "palabrerío" sin sentido en alguna reunión social? Es verdaderamente una experiencia muy desagradable. Cuando uno ve televisión la situación es de fácil manejo. Basta con cambiar de canal.

Después de la presentación, envíe breves y personalizados agradecimientos a quienes permitieron la misma. Y mucho mejor aún ¡incite a quienes han visto la audición para que escriban a la dirección de la misma felicitándola por haber seleccionado a un invitado tan fascinante!

¿Cómo sacar ventaja de las publicaciones comerciales y los periódicos de la industria?

Nos referimos aquí a los diarios y periódicos especializados de relativamente baja circulación, pero que alcanzan altos porcentajes en ciertos núcleos profesionales o ejecutivos. Su librero puede ayudarle a identificar los que podrían resultar más convenientes para su negocio. Por ejemplo, *Variety* es una publicación comercial leída principalmente por quienes se mueven dentro del mundo del espectáculo, mientras que *Publishers Weekly* es una publicación que interesa a los libreros y quienes se desempeñan en el campo editorial. Pero existen muchos más canales similares, y cubren campos tan reducidos que uno jamás pensaría que alguien pudiera molestarse en redactarlos. Pero se los publica, y hasta de uno de esos órganos increíbles pueden obtenerse aciertos considerables dentro de determinado público, sin que importe su extensión.

Al parecer el número de estas publicaciones comerciales y profesionales especializadas es prácticamente infinito en la actualidad. Y cada una de ellas tiene una clientela supercalificada y de una fidelidad extraordinaria. Resulta difícil imaginar una empresa que no alcance rotundos éxitos al llegar a los lectores de por lo menos una de tales publicaciones. Si usted pretende poner en vista sus actividades entre sus pares, o atraer la atención de determinada clase de clientes potenciales, no tiene nada que perder —y mucho que ganar— si envía informes de prensa a estas publicaciones "de penetración" estratégica.

Una cosa es cierta: mantener al tanto de sus actividades a los periódicos de la industria es una de las opciones publicitarias más efectivas. Con ello se puede lograr colocarse a la vista de un público clave, y por lo general sin el menor costo. ¡Piense, además, que muchas pequeñas empresas no aprovechan las ventajas que le ofrecen las publicaciones comerciales!

¿Cómo hacer para que las publicaciones comerciales publiquen sus avisos? En general valen aquí también las reglas básicas de los comunicados de prensa, que se tratan a lo largo de este libro. Sin embargo el éxito coronará mejor sus esfuerzos si dirige el material correctamente. Si la suya es una noticia de interés, dirigida directamente a determinado público lector, no tiene por qué preocuparse de que aparezca en algún lugar destacado. Un informe de prensa sobre una nueva variedad de oveja que acaba de importar, no le importará demasiado a un jefe de redacción del *New York Times;* pero en cambio es mucho más seguro que llame la atención del editor de una publicación agropecuaria.

Este tipo de publicaciones están con frecuencia ávidas de obtener nuevos materiales. Y esto puede resultar para usted verdaderamente ventajoso, pero tiene que abstenerse de apelar a un lenguaje de subasta de feria al redactar.

El parloteo de feria abarca gran parte de la correspondencia que pasa por la mesa de un jefe de redacción, lo cual constituye una excelente razón para echar al cesto la cobertura de notas que no han sido requeridas. Asegúrese de pensar del mismo modo que el editor. ¿De qué manera pueden beneficiarse los lectores a través de la lectura de la información que usted desea difundir? ¿Puede el primer párrafo ser un "gancho"? Si el material carece de conceptos, ¿el público se mostrará bien predispuesto, desorientado o falto de interés?

Si puede, incluya fotografías; éstas harán más visible su envío y acrecentarán la posibilidad de una respuesta positiva de parte del editor. Si las fotos acaban por ser incluidas en el artículo que aparezca, mejor que mejor.

Como en cualquier otro medio, puede suceder que no aparezca sino una mención fugaz de su producto o servicio. Pero eso no es tan malo como parece. Recuerde que toda mención hecha en una publicación comercial es muy probable que sea leída —y creída— por los integrantes del grupo seleccionado por usted. ¡Este tipo de publicidad produce un impacto mucho más considerable que un aviso pago!

¿Puedo promover
las ventas con
sólo una hoja
de papel carta
y algunas tarjetas
de presentación?

Existen tres (y poco usadas) técnicas para lograr impresionantes y positivos resultados para su empresa con estos simples materiales. Cada uno de ellos requiere una pizca de ingenuidad y quizás algo de paciencia, pero cada una de ellas puede ayudarlo a aumentar sus ingresos virtualmente a ningún costo. (Algunos de los consejos siguientes probablemente se pueden realizar con mayor facilidad mediante el uso de una computadora personal y una copiadora. No obstante si usted no puede acceder a estos elementos y no le importa tomarse un poco más de trabajo y correrse a la agencia de fotocopiado, no dejarán por ello de tener eficacia).

*Nota relativa a los materiales: Lo mejor es usar papel sin rayas de tipo carta, de la norma corriente... pero lo más importante es elegir el color adecuado. Asegúrese de que sea anaranjado. Las investigaciones han demostrado que este es un color de innegable "acción", preferible de lejos a cualquier otro. Si usted ha de imprimir con un procesador de palabras, probablemente querrá hacerlo en formularios continuos; lamentablemente los formularios continuos de color anaranjado no son fáciles de conseguir en las papelerías corrientes, como uno desearía. Pero será necesario que evite a toda costa las comunes tarjetas blancas. Recuerde que ¡las tarjetas deben ser anaranjadas!

*Idea Uno: El envío postal de Listas de novedades. Personalmente, apliqué este sistema en el caso de un costoso libro de referencia para médicos, con resultados espectaculares. Esta técnica resulta más conveniente si se emprende una campaña postal directa destinada a los intermediarios que deban tomar decisiones de compra y que actúan frente a un gran número de otra gente que pueden ser usuarios de su producto.

Están en este caso, por ejemplo, los bibliotecarios y los consultores de empresa. Como en toda campaña postal directa, es regla general que los mejores beneficios se obtendrán con los artículos más caros, debido a la baja tasa de respuesta.

Esto es lo que tiene que hacer

*PRIMER PASO: Prepare un simple volante con la descripción de su producto, donde se indique la manera de hacer los pedidos (podría ser en un cupón incluido). En forma bien visible haga figurar una frase por el estilo de esta: "Para su conveniencia incluimos una tarjeta que le rogamos envíe a sus clientes junto con la lista de precios de su empresa". (La "conveniencia", por supuesto, es que el destinatario de su envío no se verá acosado por los usuarios preguntando cómo obtener su producto).

*SEGUNDO PASO: Condense el material del volante y transcríbalo en el papel de carta, con un corto y llamativo encabezamiento.

*TERCER PASO: Abroche la carta al volante, en su extremo izquierdo o derecho, hacia la mitad del mismo, lo cual permitirá que pueda ser quitada con facilidad.

*CUARTO PASO: Doble el folleto en tres, de manera que la cara escrita quede en el interior y afuera la página en blanco. Ahora, el volante parecerá un sobre, que será precisamente lo que usted habrá de usar como tal. Ciérrelo, escriba su remitente y la dirección del destinatario, y envíelo. ¡Con una lista de precios decente (y un buen diseño) al poco tiempo recibirá los pedidos de los destinatarios de su envío —y a largo plazo los de los clientes de éstos!

*Idea Dos: La tarjeta recordatoria. Muchas empresas pueden incrementar periódicamente sus negocios al informar a los clientes sobre el vencimiento de cierto plazo o de una oferta. Los dentistas, por ejemplo, suelen recordar a sus pacientes que ya es tiempo de que se sometan a un nuevo chequeo. Los mecánicos recuerdan a los propietarios de autos que el próximo afinamiento debe hacerse en tal fecha. Y ¿cómo hacen para informar a sus clientes? ¡Enviándoles una postal! Usted está en condiciones de echar mano de este procedimiento para su provecho. Use simples fichas y su procesador de palabras para imprimir un sencillo recordatorio. Será especialmene eficaz si puede destacar una fecha en que se desarrollará determinado plan o se ofrecerá algún descuento especial.

*Idea Tres: Displays de autoservicio. ¿Hay algún lugar frecuentado preferentemente por sus clientes potenciales a los cuales quiere acceder? ¿El hall de un cine, por ejemplo, o la recepción de un hotel o alguna oficina? En tal caso, lo único que tiene que hacer es procurarse un display provisto con una pequeña caja, y un letrero estándar y las tarjetas con el nombre y especialidades de su empresa.

Puede decidirse por tomar el camino más directo: imprimir una leyenda que diga: "Estimado cliente, sírvase una", en grandes letras.

¿Cómo puedo atraer al cliente por primera vez... y hacer que vuelva?

Esta es una de las preguntas que se formulan con mayor frecuencia en todo tipo de negocio, y estas pocas páginas en las que tratamos el tema no podrán darle tampoco ninguna respuesta definitiva al respecto. Sin embargo, existe un aspecto que se debe tener en cuenta al intentar atraer y retener al cliente que se acerca a su empresa por primera vez.

Si usted pone en marcha una campaña publicitaria de gran atracción —sea cual fuere su costo— tenga previamente la plena seguridad de que está en condiciones de brindar un producto o un servicio de excepción y altamente calificado. Esto que podría parecer obvio no lo es tanto, si se considera que existen muchas empresas que invierten cuantiosas sumas en publicidad con la esperanza de captar nuevos clientes, pero sólo por una vez. Y ¿por qué? Porque los clientes se han visto sometidos a un trato brusco, una atmósfera agitada, displays de mal gusto o nivel inaceptable de la mercadería.

Muchas firmas que dependen del "favor del público" (en especial el caso de los restaurantes, que viven casi exclusivamente de las recomendaciones boca a boca) han sabido hallar una eficaz solución en este sentido. Veamos cómo. Abren sus puertas al público pero no realizan ningún esfuerzo para captar la atención de algún medio de publicidad, ya sea paga o gratuita. En una palabra, no hacen el menor esfuerzo para captar al público durante dos o tres meses. Pero en este lapso se esfuerzan por perfeccionar su organización. Van adquiriendo la experiencia de dónde están los problemas organizacionales en los que las responsabilidades se aflojan, dónde es preciso tenerlas mayormente en cuenta, y cuál es el resultado de su estudio sobre lo que más temen: la disconformidad del cliente.

Al cabo de este período de ajuste, y sólo entonces,

anuncian la Gran Inauguración (o gran venta de primavera, o velada especial, o cualquier otro tipo de acontecimiento promocional), e invitan a los medios a participar para que tengan una idea de ello —y tal vez también incluyan publicidad paga. De este modo, no tratan de atraer activamente al público curioso (y altamente impresionable) para ganar nuevos clientes, hasta no tener la certeza de que el servicio que brindan es realmente de superior calidad.

Sólo hay una oportunidad de impresionar favorablemente a la clientela: la primera vez. Puede tener la certeza de que su cliente de primera vez habrá de ser sensible a los mejores reclamos que usted pueda brindarle. Si usted tiene dudas respecto de la calidad del servicio que brindan sus empleados, es ésta una excelente oportunidad para considerarlas mediante la llamada técnica del "cliente misterioso". Encargue a un amigo o conocido a quien sus empleados no conozcan que se presente en el local como cliente de primera vez. Observe qué trato recibe el "misterioso cliente" rondando por el local. Si usted advierte que alguien de su personal ha logrado desempeñarse con la suficiente altura, no dude en felicitarlo. Hasta puede llegar a considerar la posibilidad de incentivarlo mediante algún tipo de premio. Por el contrario, si advierte que se presentan problemas, usted se dará perfecta cuenta de en qué consisten, pudiendo posteriormente discutirlos con su gente; como resultado, muy probablemente tendrá mayor consideración en el futuro con las caras desconocidas.

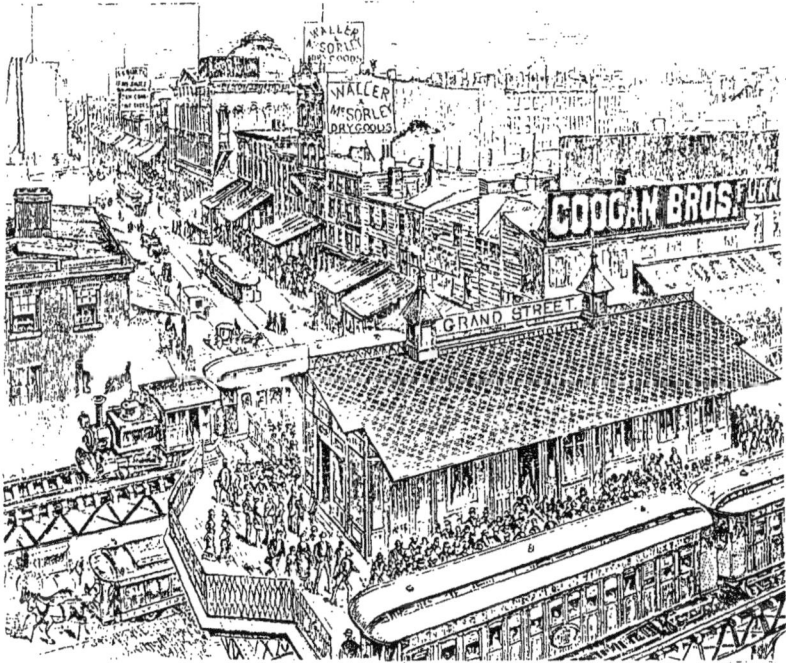

¿Si confecciono
un catálogo de
costo económico,
estoy seguro
de que producirá
resultados?

El objetivo que usted persigue es provocar el interés, la inquietud y sobre todo la acción del cliente.

Usted pretende tener un público que vea su catálogo y piense: "¡Caramba! Esta es una gran empresa!"

Para muchas empresas el catálogo es un arma clave en el arsenal del marketing. Y en muchas ¡es la única arma! Por lo tanto, es esencial, es preciso, que su catálogo produzca el mayor impacto posible. Debe alcanzar a su cliente potencial, reclamar su atención e inspirarle la acción. En una palabra, tiene que funcionar como un gigantesco y super eficiente aviso. En este sentido, su confección presenta gran cantidad de desafíos y oportunidades.

El catálogo no es una "lista de lavandería" de sus productos o servicios. La simple información que proporciona una lista fría y francamente antiprofesional, no generará ventas. Y ¿por qué? ¿Acaso una nota cualquiera, arrugada y garabateada que ha sido dejada sobre su escritorio, lo impulsaría a salir corriendo y lo convencería de que tiene que comprar inmediatamente un objeto valioso como un tractor o un automóvil?

Lo primero que usted tiene que hacer es reclamar la atención del cliente potencial. Luego, suministrarle la información necesaria de modo que pueda interesarle que muestre que están contempladas todas las necesidades o los deseos del futuro cliente. Por último, conseguir que éste se decida a actuar.

La cubierta del catálogo es de vital importancia y puede llegar a ser el "gancho de los ganchos", el señuelo ideal por el cual sus esfuerzos produzcan resultados o fracasen completamente. Si la cubierta no tiene interés o está pobremente diseñada, ni siquiera el mejor escritor del mundo podrá compensar la pérdida de su clientela. Trate de obtener una fotografía sumamente atractiva o un dibujo de líneas atrevidas. Eso pondrá en primer plano el interés de su producto o los beneficios que de él puedan derivarse.

Propóngase una meta que usted pretende que alcance su catálogo. ¿Qué le gustaría hacer? ¿Inaugurar? ¿Obtener mayores ventas? ¿Despertar la curiosidad del público? ¿Hacer encuestas? ¿Afirmar su reputación? ¿Sustentarse sobre éxitos anteriores para obtener nuevos clientes? Cualquiera sea el objetivo que se proponga téngalo en mente al diseñar su catálogo.

Emplee el Cuestionario del Millón de Dólares (véase pág. 225) para controlar el proyecto de su catálogo. Si el resultado de la encuesta indica que debe seguir trabajando en él, replantéelo. Trate de proyectar su catálogo teniendo presente siempre evitar toda interrupción (una convención general, por ejemplo), puesto que tiene todo el tiempo por delante para hacerlo y afinar sus ideas.

Tenga permanentemente presente las perspectivas del lector y no pierda nunca de vista la manera en que ese catálogo habrá de ser distribuido. Por ejemplo, ¿tiene la intención de enviar esa literatura a personas que nunca han oído hablar de usted? En tal caso, ¿cuál habrá de ser el estilo que adopte?

En caso de incluir una orden de compra, sea exigente con su diseño. Con frecuencia se desestima la importancia de la orden de compra. Y muy a menudo, el resultado de esto es la pérdida de ventas. ¡Y es frente a ella, precisamente, que su cliente habrá de decidir qué va a comprar! ¡Por amor de Dios! no le pida al comprador o la compradora que entre en negocios con usted sobre la base de una orden de compra confusa, desordenada, gráficamente desagradable. Facilite las cosas: una tipografía grande y clara; una diagramación espaciada y armoniosa; instrucciones precisas para llenarla.

Con suficiente anticipación, procúrese una buena imprenta. Su candidato ideal será alguien que quiera colaborar con usted en la selección del papel, el terminado de la cubierta y los métodos de encuadernación... y que le ofrezca presupuestos competitivos.

Por último —pero no de menor importancia— es necesario que ponga en circulación el catálogo. Este representa probablemente una inversión considerable de tiempo y dinero. Es preciso, por lo tanto, que signifique para su empresa una importante fuente de éxito por un período de tiempo prolongado. Teniendo en cuenta la eventualidad que esto representa no corra el riesgo de decidir definitivamente el formato, contenido y cantidad de páginas antes de consultar la opinión de la gente que le merezca confianza. Se dará el caso, probablemente, de que algunos de sus socios o de sus colegas descubran algún defecto que será remediado satisfactoriamente.

Nosotros no
tenemos
catálogos;
preferimos los
folletos y volantes.
Algo tan
sencillo puede
correr el riesgo
de convertirse en
un revoltijo.
¿Verdad?

Los folletos y volantes por lo general merecen más atención de la que se les presta. Los problemas más frecuentes en este campo son una diagramación confusa, textos de pobre calidad, y que no proporcionan al consumidor la información suficiente que le permita decidirse a comprar.

Este tipo de publicidad por lo general es entregada en forma directa o colocada en los buzones de la correspondencia. Deben contener una información detallada referente a las cualidades del producto o del servicio ofrecido, ilustraciones o fotos, condiciones de venta, y, lo que es más importante, cómo obtener el producto cuyo interés ha sido creado.

Un instrumento de marketing que puede estar relacionado es la lista de ofertas. Está dirigida especialmente a los minoristas y los pone al tanto de los beneficios que les esperan (que en general significan mayores ingresos) mediante el empleo del producto o del servicio.

Los volantes y la lista de ofertas, al igual que los avisos "tradicionales" pueden ser evaluados mediante el empleo del Cuestionario del Millón de Dólares (véase pág. 225).

La principal diferencia entre este tipo de promoción y otras maneras de publicidad es su inmediatez. Los folletos,volantes y listas de ofertas requieren, por lo general, el empleo de un número telefónico o de alguna dirección a la cual el lector pueda dirigirse para poder seguir adelante.

Estos tipos de promoción terminan con frecuencia en el bolsillo de alguien o en alguna agenda —porque el producto o el servicio ofrecidos son tan interesantes que el receptor de los mismos quiere volver sobre ellos más adelante. Trate de que el interesado tenga en cuenta este detalle.

Las listas de ofertas de buen resultado deben contener sólo la información necesaria para el interés de quien la recibe (por ejemplo, los minoristas); deben poner todo el énfasis posible en el aumento del provecho; pruebas de eficiencia e información relativa (comprobación de resultados, fechas, y otros testimonios); especificar los futuros planes promocionales y sugerencias relativas a los niveles de aprovisionamiento.

Tanto en los volantes como en las listas de ofertas, no debe dudar el incluir la siguiente orden respecto de lo que debe hacer el cliente. Ejemplo: "¡Pídalo ya!". "¡Llame hoy mismo al 784-2875!" "¡Téngalo siempre a mano!" Tenga en cuenta que nadie transgredió nunca la ley tratando de vender. Inténtelo usted también.

¿Es conveniente implementar el marketing por correo directo?

La promoción postal directa tiene muchos pro y contras. Sus principales desventajas son: requiere mucho trabajo; puede resultar relativamente caro llegar hasta cada uno de los consumidores y se basa en listas de mailing que rápidamente se hacen obsoletas. Por el contrario, sus principales ventajas consisten en: pueden "dar directamente en el blanco", al estar dirigidas solamente a posibles clientes de determinada categoría; es sumamente versátil, permitiéndole llegar, según su deseo, a una amplia o reducida audiencia; por último, es mucho más impactante que un aviso impreso, porque mucha gente ocupada por lo general suele echar un vistazo a toda la correspondencia que recibe, mientras que a menudo pasa por alto en un diario, por ejemplo, un anuncio, sin volver atrás para releerlo.

Si trata de vender un solo producto, por una sola vez, a un precio relativamente bajo, tenga la seguridad de que la publicidad postal no le conviene. Pero, por el contrario, los productos de marca reconocida, o ciertas campañas de ofertas especiales encaradas para conseguir nuevos clientes, pueden dar mejores resultados. Esto está relacionado con los bajos porcentajes de respuesta asociados con este tipo de marketing.

Un "buen" mailing directo puede reportar respuestas de alrededor del uno o el dos por ciento de la lista completa. Por supuesto que este porcentaje puede variar impredeciblemente, pero en general, se mantendrá dentro de los límites indicados.

Si intenta vender por propaganda postal directa artículos pequeños y de bajo costo —que valgan, por ejemplo, unos 5 dólares cada uno— es muy probable que tarde mucho tiempo en colocarlos. Independientemente de lo extensa de su lista de mailing, con toda probabilidad no alcanzará a cubrir los gastos de franqueo, de impresión, y el precio de la lista misma. Por otra parte, si su intención es vender un electrodoméstico de cierta importancia, cuyo precio gire alrededor de los 25 dólares, es probable que logre obtener alguna ganancia con la venta de sólo un uno por ciento de respuestas de la lista de mailing. Y el escenario se abrirá aun más si lo que usted pretendia era sólo unas pocas respuestas de clientes potenciales quienes podrían volver una y otra vez a su negocio, justificando, por lo tanto, de este modo, la inversión inicial realizada en el mailing.

Por supuesto que lo esencial es obtener una buena lista de mailing, una que esté integrada por gente que se interese en los artículos que se le ofrecen y sólo ellos, de modo de no perder tiempo y dinero en hacer envíos a quienes no aprecien los productos que se les ofrecen. Recuerde que una de las grandes ventajas de la publicidad directa por correo es su eficiencia... ¡pero es usted quien tiene que motivarla! No adquiera una lista de mailing integrada, por ejemplo, por "residentes" de su localidad, a menos de que cada uno de ellos pueda estar interesado o tener necesidad de su producto (lo cual sería un caso sumamente raro).

Observe atentamente el correo que reciba. Cada una de las piezas "sin importancia" ha demandado dinero para su diseño, su producción y su envío. ¿Alguna de esas piezas atrae su interés en especial? ¿Le incita a abrirla? ¿Le dan ganas de comprar? ¿Por qué? Téngala en cuenta: trate de reproducir las técnicas exitosas y enriquézcalas con sus propias experiencias, de acuerdo con los puntos de vista relativos a su producto o servicio.

¿Qué debo hacer para elegir (o cambiar) el nombre de nuestra empresa?

Una de las más importantes decisiones de marketing que deberá tomar es, precisamente, la elección del nombre de su empresa. No lo haga apresuradamente. El nombre será lo primero que el cliente, los observadores de la industria, los vendedores, los profesionales de los medios y gran cantidad de otra gente conocerá y su empresa será apreciada a través de él. Si es complicado, confuso o da la impresión de escasa profesionalidad, gracias a él usted estará saboteando sus posibilidades. El nombre que elija determinará, en gran medida, cuál será la primera impresión que causará. Cuanto haga después se verá condicionado por él.

El hecho de dar a la empresa el nombre correcto determinará muchas ventajas. En primer término, si decide cambiar de nombre al cabo de dos años de actividad en una misma línea, lo más probable es que aparezcan inconvenientes al modificar cierto número de items internos. Toda la papelería, los envíos, el material de promoción y los registros en que figure el viejo nombre. Pero este trabajo extra —si bien considerable— no significa nada en comparación con la confusión y desorientación que provocará en los clientes, acreedores, vendedores y bancos, para mencionar a algunos de cuantos tienen relación con su empresa. Toda esta gente lo conocerá únicamente por el nombre original (aunque mal elegido).

El cambio de nombre de una empresa es, en varios sentidos, como emprender un nuevo negocio. Tenga en cuenta que está dejando de lado una porción importante de la imagen positiva que ha venido cimentando. No lo haga, pues, a menos que sea imprescindible. Si no lo puede evitar (y muchas empresas están en condiciones de hacerlo), tenga al menos la seguridad de que el nuevo nombre entrará en la competencia como indudable triunfador.

Errores frecuentes en que incurren quienes quieren bautizar a una empresa son los siguientes: designarla con el nombre de alguno de los hijos del patrón (Cerramientos Claudia); elegir un nombre gastado o un lugar común (Inmobiliaria y Financiera ABC); designar a la empresa con el apellido de su propietario o propietaria, si éste es difícil de pronunciar o de retener (Flores Brzenskikov); y finalmente elegir nombre de comprensión negativa o confusa (Neumáticos Piedras, Servicios Fúnebres La Esperanza).

Las grandes compañías suelen gastar importantes sumas para la elección del nombre adecuado. Ninguna lista de nombres estándar puede adecuarse a cualquier empresa, sino que el mejor criterio en la selección del nombre es aplicable tanto a las compañías de gran envergadura como a la pequeña empresa. Pruebe, pruebe y vuelva a probar. Manéjese entre doce y veinte nombres posibles, hágaselos conocer a sus posibles clientes, a la gente de los medios, a los colegas. Compruebe, así, cuál es el que logra la preferencia.

Tenga muy en cuenta la posibilidad de emplear nombres formados por siglas (JJ Propiedades), denominaciones humorísticas (El cortocircuito Electricidad) o nombres compuestos que formen una sola palabra (Taxicar). Todos ellos tienen, por lo general, resonancias de connotaciones populares.

Piense:

¿El nombre de su empresa limita a su empresa a un grupo específico de clientes? ¿Le da posibilidad de expansión hacia nuevos rubros más adelante? ¿Queda grabado en la gente una vez que ha sido oído? ¿Evoca en el posible cliente la imagen adecuada?

¿Cuál es la mejor manera de que mi empresa tenga una buena imagen para la comunidad?

Hay dos maneras de encararla, y cada una de ellas puede llegar a excelentes resultados a largo plazo. La buena relación con la comunidad puede ser la clave de la estrategia para el éxito de sus negocios. En este sentido, será siempre bien empleado el tiempo y el esfuerzo que ello demande.

Uno de los medios más corrientes es patrocinar a alguna asociación de bien público o algún proyecto comunitario. Por ejemplo, la compra de uniformes para el equipo deportivo local es una opción bien acogida por la comunidad y puede llegar a ser especialmente efectiva para las empresas que desean alcanzar gran renombre local. Por supuesto que el logotipo de su empresa o el eslogan que crea adecuado debe figurar, destacado, en el uniforme.

Otras opciones pueden incluir la participación en los proyectos locales de promoción o de tipo recreativo, tales como áreas de esparcimiento o una nursery, o bien donaciones bien visibles de artículos o servicios a través de la televisión o de la radio local. ("Adquiera un bono contribución para la Campaña de Protección al Niño: Supermercados Acme lo gratificará con una orden de compra para diez artículos en todas sus sucursales"). Estos regalos absolutamente desinteresados, al ser empleados con sentido de inversión, pueden llegar a dar a su empresa una excelente reputación y, además, pingües ganancias. (Puede también llegar a recompensarlo por todos esos años en que usted se desesperaba al no poder firmar un cheque para un vencimiento).

Otra buena idea consiste en esforzarse por inculcar el espíritu comunitario entre sus empleados. Muchas grandes empresas lo han logrado con mucho éxito, y algunos de los programas han llegado a inspirar la mayor confianza entre los residentes de las ciudades y poblaciones donde opera la firma.

La Mutual de Omaha, por ejemplo, instalada en Nebraska, patrocina un programa que suscita el beneplácito público al promover la intervención de su personal en asuntos de beneficencia o comunitarios del área de Omaha. El empeño se extiende a cada uno de los aproximadamente 4.000 empleados de la empresa, quienes son individualizados regularmente mediante premios y el reconocimiento de la compañía por su particular y notable contribución a la comunidad. Este aspecto, puede ser tenido en cuenta también por su empresa.

¿Pueden los concursos mostrar las preferencias de los clientes e incrementar las ventas?

¿Se dio cuenta de la cantidad de concursos que organizan las más grandes empresas para la promoción de un producto? "¡Gánese un viaje a Disneylandia!" "¡Gane un auto 0 km!" Y existe una razón por la cual los concursos son tan populares. Si están bien publicitados no le quepan dudas de que este tipo de promoción puede llegar a producir grandes ventas. El hecho de que el vencedor sea elegido al azar, después de todo, puede ser una idea excitante para mucha gente. Significa que cada uno de los participantes no tiene nada que perder —y mucho por ganar— al intervenir en la promoción.

Probablemente usted no esté en condiciones de regalar ningún Rolls-Royce. Sin embargo, puede considerar la posibilidad de organizar concursos si su propósito es suscitar el interés y el entusiasmo. Las vacaciones en alguna localidad turística resultan relativamente baratas de costear y pueden resultar bastante codiciadas, brindando al concurso gran lucimiento.

Un simple display es bastante fácil de resolver. No hace falta sino seguir los ejemplos que pueden verse en cualquier supermercado, tienda u otros locales de gran movimiento de público... pero puede optar también por una sencilla caja destinada a recoger las respuestas, coronada con un poster o cartel. El display debe incluir un llamativo motivo y el adecuado diseño que ponga de relieve el premio que será otorgado al afortunado vencedor. Se recomiendan las fotografías de alta calidad o inmejorables dibujos. También puede resultar efectivo el empleo de un cupón separable.

Uno de los tópicos que puede emplear en su encuesta —y que se ha demostrado efectivo a través de los años— es pedirle al concursante que responda algo por el estilo de "¿Por qué prefiero los productos ABC?"

Una buena idea es discutir la promoción con su

abogado antes de adoptar ningún plan. Las normas de los concursos varían según el lugar, y podría darse el caso de que sin esta precaución surgieran problemas legales.

¿Por qué debo escuchar a los vendedores?

Existen muchas razones para escuchar de cerca a quienes venden su producto (un grupo, sea dicho de paso, que incluye también a los corredores). No cabe darles un tratamiento exhaustivo en este libro. Sin embargo, el resumen que ofrecemos a continuación podrá darle una idea de la importancia que tienen las sugerencias y reacciones del vendedor activamente consciente.

El
Sabe lo que hace la competencia.
Sabe lo que le gusta a los clientes.
Sabe lo que no les gusta.
Está al tanto de las fluctuaciones y de los vuelcos de situación.
Tiene buen ojo para reconocer las promociones que pueden ser rentables.
Aprecia ser tenido al tanto de sus planes.
Puede decirle cuándo alguien ha fracasado al intentar lo que usted está tratando de hacer.
Puede darle las razones por las cuales fracasó.
No tiene otro propósito que hacer mejores ventas.
Puede ponerlo en alerta respecto de la calidad de su producto.
Por lo general tiene excelentes ideas en lo referente a nuevos productos o servicios.

Por supuesto, no tiene que andar molestando continuamente con sus preguntas a la gente que está trabajando fuerte para poner sus productos en manos de los clientes. Sin embargo, algún ocasional y amable llamado telefónico de vez en cuando para informarse de la marcha de su trabajo puede resultar de inestimable ayuda.

¿Cómo pueden los avisos de la competencia ayudar a mis ventas?

Ya sea que haga usted publicidad o no, debe tener siempre el ojo atento a la publicidad de sus competidores. Ello le permitirá estar en el tema, al tanto de los argumentos de venta, en la elección de los medios, la orientación del mercado, la estrategia general, y otros puntos importantes.

¿Cómo hacer para que usted sepa si ese material debe ser tomado en consideración o repensado? ¿Qué pasa si la competencia incurre en un error? La mejor manera de abordar la cuestión consiste en ser selectivo, y en no llegar a conclusiones definitivas antes de haber logrado un panorama claro. Observe a sus más exitosos competidores, no a los fracasados. Mantenga bien abiertos sus ojos y sus oídos. Alguien que se desenvuelve en su mismo ramo está pagando para decir tal o cual cosa a sus clientes potenciales. ¿No le parece que usted debería saber lo que pasa después?

Mantenga un registro de los avisos que publican sus competidores a medida que van apareciendo. Consigne las fechas. Consérvelos durante un tiempo razonable. Las posibles fuentes de información pueden ser los diarios locales, la publicidad postal, la publicidad radial y los folletos publicitarios. Al coleccionar los avisos durante cierto tiempo, usted habrá ido formando un valioso instrumento que le servirá para comercializar su propio producto o servicio —¡aunque ni siquiera se decida a hacer publicidad! Reserve siempre una sección del registro abierto para consignar en ella sus observaciones personales: "Los vendedores dicen esto y en realidad fracasan...". "Los tres grandes grupos que tuvieron éxito fueron...". "X ha sido identificado como uno de los mejores argumentos de venta...".

Esté atento a las repeticiones, en especial si decide anunciar. Un aviso que aparece continuamente es eficaz. Reparar en ese aviso porque resulta nos permite actualizarnos en cuanto a la estrategia que emplea nuestro competidor. Como quien dice: "Bien, aquí hay algo. Algo probado y efectivo que conviene aprovechar". El aviso ha sido probado a expensas de él, no a sus propias costas —¡y usted recoge los beneficios!

Por otra parte, esté atento a los mensajes no publicitarios que pueda estar emitiendo la competencia. Tome dos o tres de las empresas de la competencia y fíjese cuál es su lista de mailing. También puede estar atento a las noticias que se deslizan en los medios, en especial en los diarios, que constituyen una publicidad gratuita (favorable o no) con lo que se benefician sus rivales.

Procter & Gamble, una de las mejores organizaciones de marketing del mundo, tiene un programa exhaustivo de colección de recortes de avisos de la competencia. Una agencia de este tipo que trabaje con su empresa puede analizarlos detenidamente y producir informes escritos —comentarios que resultan de real utilidad cuando se está por preparar una nueva campaña publicitaria, una promoción, o una estrategia de ventas.

¿Dónde encontraré al mejor distribuidor?

Un distribuidor o mayorista es una organización que le compra o representa a una empresa manufacturera y le vende a los minoristas.

¿Cuándo servirá mejor a sus propósitos? Cuando su producto esté de antemano bien acreditado y pueda hallarse en el mercado. Muchas relaciones comerciales han quedado establecidas a raíz de la demanda sostenida de determinado producto, definitivamente adoptado. Y tanta es la demanda que el fabricante no puede tomar contacto con los cientos de pequeños y medianos minoristas a los que sí tienen acceso los distribuidores.

Uno de los conceptos errados más comunes de la pequeña empresa resulta de considerar que estas organizaciones van a salir activamente a vender el producto de un fabricante. Esto sucede muy raras veces. Los mayoristas y los distribuidores son, francamente hablando, simples tomadores de pedidos. Si bien es cierto que con frecuencia recuerdan a los minoristas, mediante boletines o listas de precios, la existencia de determinados productos, no se puede esperar de ellos que tomen la iniciativa de provocar la demanda de uno solo de ellos. Por lo general tienen que promover miles de artículos, centenas de localidades que cubrir, y tienen representantes que cuentan con muy poco tiempo para ello. Cada representante de ventas sólo cuenta con unos pocos minutos para tratar con cada uno de los minoristas.

La principal diferencia entre un mayorista y un distribuidor es que por lo general un mayorista compra, envía y almacena mercadería por su propia cuenta, mientras que el distribuidor sólo cuenta a menudo con un equipo de personal de ventas cuya misión es la de tomar pedidos que luego son enviados al fabricante para que los satisfaga. (Sin embargo, siempre hay excepciones).

1) Asegúrese de comprender perfectamente lo que la organización puede y desea hacer para usted. Asegúrese de que necesita los servicios que le brindan con absoluta prioridad.

2) Pida que algunos buenos minoristas le recomienden alguna.

3) Recorra los negocios. Visite a firmas que usted sabe que trabajan con ellos. Haga preguntas; con toda seguridad esa gente sabe un montón sobre su propio mercado.

4) Provea a las firmas que "entreviste" de todo el material que fuera necesario: muestras, listas de precios, catálogos, planes de comercialización, resultados de las encuestas, etcétera. Sopese las reacciones y los niveles de entusiasmo que pueda suscitar.

5) Esté preparado para pagar. Los distribuidores y los mayoristas pueden alcanzar ventas que a usted le son imposibles, y esperan por lo tanto que se les hagan mayores descuentos o, en otras palabras, mayores porciones de la torta de las que les ofrece a sus otros clientes. Desenvuélvase en esto lo mejor que pueda, pero no se empecine en trabajar con una empresa poco eficiente en razón de que son buenos los términos que le ofrece.

6) Controle la mecánica del negocio. ¿Cuánto tiempo sus productos permanecerán almacenados antes de que lleguen al consumidor? ¿Podrían suscitarse posteriores problemas de envío? ¿Qué tropiezos habría que afrontar?

¿Cómo puedo diseñar inolvidables tarjetas comerciales?

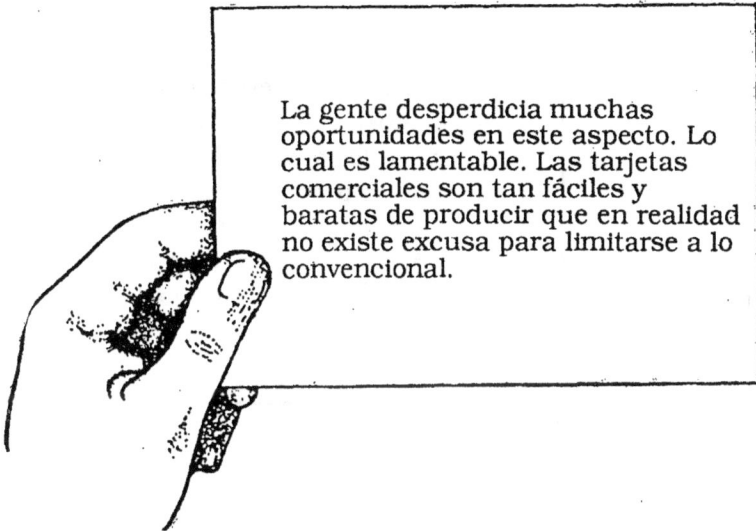

La gente desperdicia muchas oportunidades en este aspecto. Lo cual es lamentable. Las tarjetas comerciales son tan fáciles y baratas de producir que en realidad no existe excusa para limitarse a lo convencional.

Por lo tanto, vaya una sugerencia, que le encarecemos siga de inmediato. Tome su propia tarjeta comercial y mírela. Si se parece a un millón de otras, con la dirección y el teléfono y el nombre de la empresa en su ubicación convencional, si no tiene elementos gráficos llamativos, eche al canasto todas las versiones de este tipo de tarjetas comerciales y diseñe otras nuevas. ¿Qué puede costarle hacerlo? Y lo que es más importante ¿Cuánto le costaría seguir pasando avisos que nadie habrá de recordar?

Porque, usted lo ve, eso es exactamente lo que debe ser una tarjeta comercial: un aviso. Y de mejor impacto que otros tipos de anuncios. Una tarjeta comercial es, en muchos sentidos, el sueño del experto en marketing: ¡un aviso que la gente puede llevar consigo y dejar para más tarde!

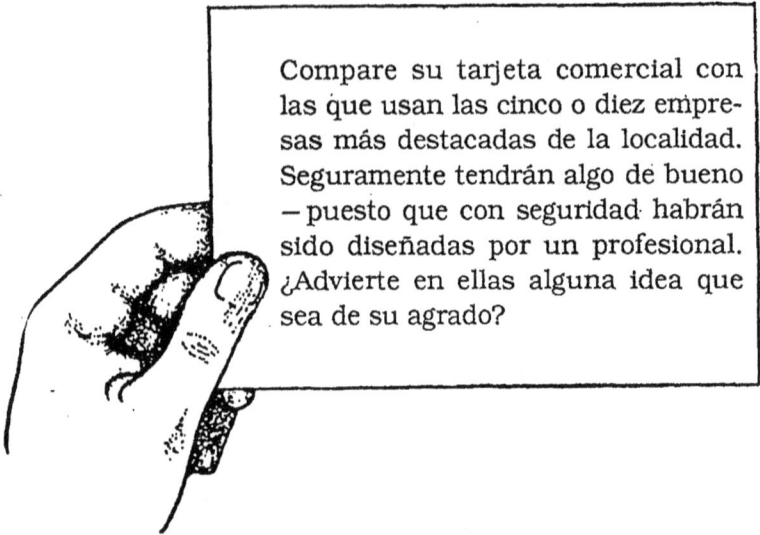

Compare su tarjeta comercial con las que usan las cinco o diez empresas más destacadas de la localidad. Seguramente tendrán algo de bueno — puesto que con seguridad habrán sido diseñadas por un profesional. ¿Advierte en ellas alguna idea que sea de su agrado?

Usted debe someter a test y clasificar su tarjeta comercial y cualquier otro tipo de material promocional. (véase al respecto la sección correspondiente en este libro). Debe competir en un plano parejo con las tarjetas empleadas por algunas empresas de éxito. También debe ser capaz de mostrar de inmediato y decir lo que es su empresa y qué clase de gente hay detrás de ella. Por supuesto, debe dar la mayor información posible acerca de la empresa y en tipos fácilmente legibles. Algunas de las mejores tarjetas comerciales en la actualidad tienen un formato vertical en vez de la tradicional tarjeta apaisada. Esta es una manera sencilla de apartarse de la mayoría.

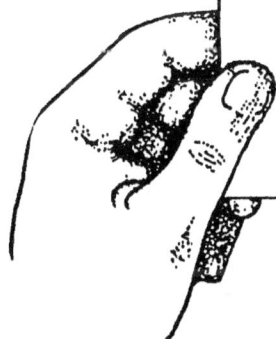

Otra buena idea es usar ambas caras de la tarjeta: el frente para todas las informaciones importantes de posibilidades de contacto, y el dorso para consignar breves mensajes u ofertas especiales para los clientes. ("Atención ininterrumpida las 24 horas". "Presentando esta tarjeta tendrá un descuento del 10% en su primera compra". "Consúltenos sobre nuestro nuevo modelo de X"). En realidad esto aumentará el costo en muy pequeña medida y —como de todos modos la gente suele escribir al dorso de las tarjetas— ¿por qué no llamar allí su atención?

¿De qué manera puedo usar órdenes de compra para incrementar mis ventas?

En la actualidad el cliente es extremadamente exigente en cuanto a la calidad del producto. Este hecho nos amarga la vida a muchos de nosotros cuando tenemos que comprar regalos para los amigos o los enamorados. Sin embargo es posible que pueda revertir esta situación con ventaja para usted si lanza una campaña publicitaria de regalos de calidad garantida a bajo costo.

Y quiero decir, precisamente, a bajo costo. Todo lo que hace falta es una señal atractiva en su lista de precios al por menor (o una gentil "oferta de la empresa" en su catálogo). Podría estar redactada de la siguiente manera:

"¿ESTA BUSCANDO UN REGALO PARA ESA PERSONA ESPECIAL?

Elija el que le ofrecemos. Siempre quedará bien: una orden de compra de Nordmark, por las sumas de 50, 70, ó 100 dólares. ¡Cómprelo ahora mismo!"

Un regalo así siempre resultará grato: ¡al fin de cuentas quien lo reciba comprará el regalo a su gusto!

Actualmente hay una variedad tan grande de artículos al alcance del consumidor que para muchos resulta un verdadero rompecabezas la elección de un regalo. Llame la atención de estos compradores indecisos sobre las órdenes de compra y ¡confíe en que sin duda aumentará sus ventas!

¿Existe un buen medio de bajo costo para enfrentar a la competencia —aunque ésta tenga una publicidad que no está a mi alcance?

Por supuesto. Y es una idea que insensatamente muchas empresas desconocen. Y por lo menos es buena en un sentido, puesto que le permite neutralizar a los demás en su ramo (aunque tengan un presupuesto mucho mayor).

La estrategia consiste en hacerle fácil al consumidor la compra en su negocio. La sociedad en la cual vivimos está cada vez más apresurada. La población del mundo está compuesta cada vez por mayor cantidad de gente que tiene poco tiempo. Las empresas que esperan vender de acuerdo con modelos de hace cincuenta, treinta o veinte años atrás, pensando en establecer una sólida base estratégica para la próxima centuria, viven en el limbo. Quienes miran hacia adelante para hacer fácil la venta de un producto o de un servicio tendrán siempre una ventaja sobre aquéllos.

Uno de los métodos para incrementar las ventas es extender el horario en que puedan conseguirse más allá del "horario común de trabajo". Probablemente habrá visto que en varios lugares esto se practica. La experiencia de mucha gente respecto de lo que se conoce como "horario bancario", por ejemplo, ha sido radicalmente alterada. En la actualidad el horario bancario — salvo para efectuar transacciones de cierta complejidad— está dictado en realidad por el interés individual de la persona cuyo número de cuenta está impreso en una tarjeta magnética de cajero automático. El acto tradicional de "salir de compras", que en otros tiempos, por definición, exigía trasladarse a algún comercio minorista, en la actualidad está comúnmente asociado con un catálogo o algún informativo de compras que se recibe en el hogar, una llamada telefónica sin pulsos de recargo, y al día siguiente la entrega del artículo a domicilio. Hasta el deporte nacional ha debido adaptarse a las necesidades de una población siempre en actividad. Y si no, que lo digan los equipos de fútbol, los que decidieron cambiar una tradición que se había ido manteniendo a lo largo de las décadas, para comenzar a programar partidos nocturnos.

De la década del '90 en adelante las empresas visionarias y en tren de crecimiento deberán prever horas extras de operatividad para beneficiarse con los compradores de las últimas horas de la tarde o de fin de semana; obtener *toll-free*,[1] e incluir los números en los catálogos, estar atento a los adelantos en los sistemas personales de computación que puedan representar nuevas oportunidades de marketing; ofrecer como opción a los clientes un servicio de reparto nocturno; e incursionar en los lugares de trabajo y públicos.

1 *Toll-free:* llamada telefónica que paga el destinatario.

GARDNER
REA.

¿Puedo hacer uso de los contactos?

Antes que nada, vamos a determinar a qué contactos me refiero. Estamos hablando de contactos personales: de esos capaces de proporcionar información, consejo, ayuda desinteresada y hasta referencias respecto de la "gente adecuada".

Los contactos personales pueden establecer una sensible diferencia en una carrera, en la actividad de marketing, y en los negocios a todo nivel. Es humano: los contactos con frecuencia se hacen entre amigos. A veces (no siempre) QUIEN usted realmente conoce puede ser precisamente tan importante como lo QUE usted conoce.

¿Cómo puede hacer para que los contactos le sean favorables? Hable, conéctese, visite, y trabaje con la gente. Desarrolle y "acopie" los contactos personales — como si fueran alhajas. Frecuente los clubes y las organizaciones sociales, en especial los que son frecuentados por gente de negocios en el área de su interés. Muéstrese activo en cada circunstancia; demuestre interés en los acontecimientos relativos a la comunidad que lo rodea. Y lo que es fundamental: demuestre respeto, aprecio y afecto por la gente, y diga que necesita de ella. No es suficiente demostrar interés; hay que desarrollar la capacidad de sentir un interés sincero y verdadero. Trate de ayudar a sus relaciones, pero no sólo tendiendo a sacar ventaja de ellas. Los desmesurados ofrecimientos de "darse una mano", de ayuda mutua, pueden terminar siendo un "tiro por la culata". En cambio, trate de hacer un esfuerzo, por ejemplo, para orientar al cliente, cuando se presente la ocasión, hacia su amistad. Póngalo en trance de estarle agradecido, si le hace alguna consulta. No se preocupe por lo que la gente le debe; el beneficio que usted persigue pronto le será brindado, sin que medien posturas forzadas de su parte.

No caiga en la descortesía. Mantenga un contacto permanente, mediante el envío de alguna tarjeta postal o un ocasional llamado telefónico. Hágalo, sobre todo, con quienes considere que pueden llegar a serle de gran ayuda. Pero no descuide a los demás. Las relaciones "sin importancia" pueden sorprenderlo. Deslómese por la gente, que por lo general hará lo mismo por usted. Contrariamente a lo que suele decirse, los contactos de relaciones resultan muy rara vez gratuitos, no obstante lo cual su costo es con frecuencia muy bajo comparado con los beneficios que pueden llegar a producir.

¿En qué ocasión debe apelar a los contactos? Cuando advierta problemas o determinadas oportunidades. Cuando considere que los recursos que pueden brindarle las relaciones le serán de ayuda para alcanzar alguna finalidad. Cuando no tenga miedo de perder un poco de tiempo, esfuerzo y quiera demostrar humildad. En el mejor de los casos los resultados son muy placenteros: todos salen ganando, ¡tanto en lo personal como en lo profesional! (Y usted habrá contribuido a cimentar la realidad, la vida, y también la amistad, lo cual no es poca cosa)!

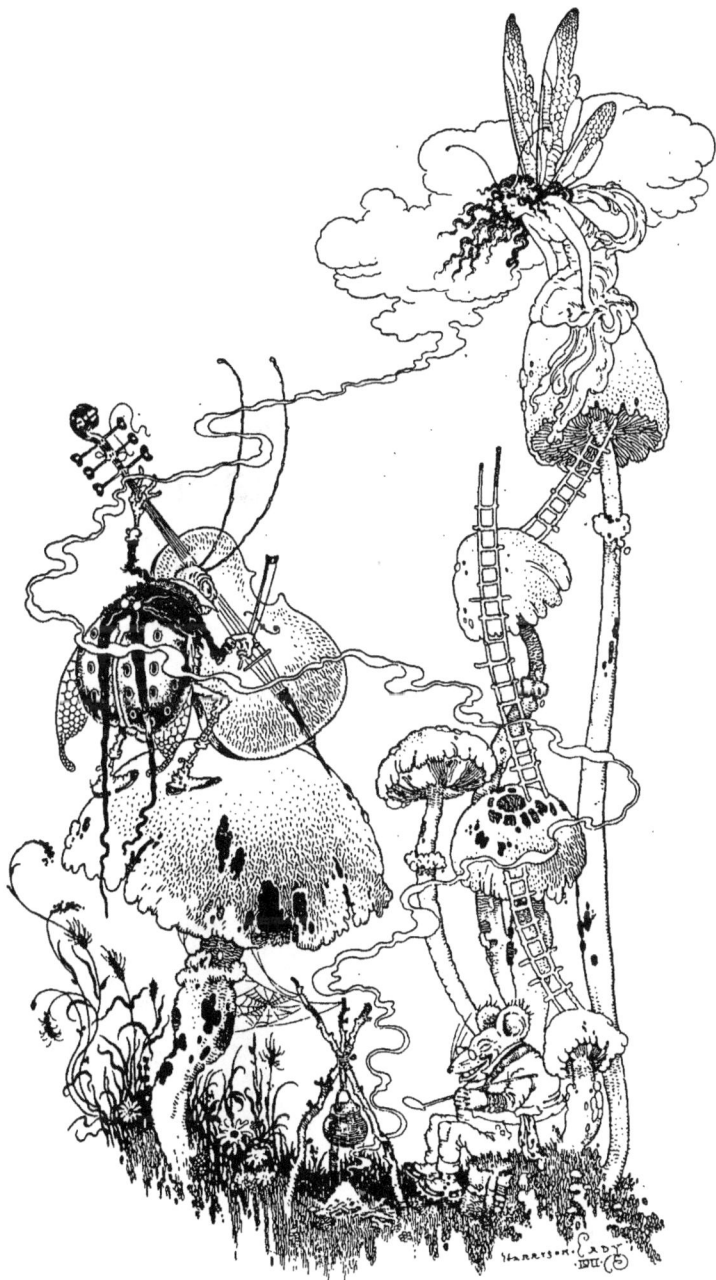

Harrison Cady
1911

¿Cómo puedo
alcanzar una
buena imagen
en mi mercado?

La mejor idea en este sentido es probablemente participar en las muestras industriales y comerciales relacionadas con las actividades de su empresa.

Piénselo. Usted desperdicia una cantidad de tiempo, esfuerzo y dinero tratando de imponer su mensaje a una audiencia determinada (por ejemplo, contratistas de la construcción). Tal vez haya comprado una importante lista de mailing, iniciado un programa de telemarketing o bien hasta lanzado una costosa propaganda mural. Y todo eso ¿para qué?

Simplemente para llegar a una determinada clientela ¡pero indirectamente! Sin embargo, usted está en condiciones de lograr exactamente lo mismo sobre la base de contactos de persona a persona.

Usted decide, por ejemplo, participar de alguna de las muchas muestras locales que se realizan virtualmente en todas las grandes áreas metropolitanas del país. Es presumible que un acontecimiento de esta naturaleza sea frecuentado por los contactos de industrias importantes... ¡y algunos pocos clientes potenciales! El costo que esto demandaría es por lo general mínimo. Pero las posibilidades de contacto, enormes.

Si el grupo al que usted pretende llegar pertenece a la "alta" industria o a clientes altamente calificados, hallará a cada uno de estos grupos fehacientemente representados en las muestras más importantes, convenciones y otros acontecimientos públicos relacionados con sus actividades. Planee con tiempo su presentación en ellos para asegurarse una buena ubicación en la muestra y la digna presentación de su stand. Verá que sus esfuerzos no habrán sido en vano.

¿Cómo debo determinar mi mejor precio?

En este caso hay poco para elegir. Si la evidencia del mercado le dice que sus competidores están vendiendo determinado artículo al precio de un dólar, éste es el mínimo absoluto que usted puede fijar para seguir sobreviviendo. La decisión no puede tener alternativas. Sin embargo, éste sería un caso límite, porque en general existe cierta elasticidad.

Su precio (menos los costos) determina su ganancia — por lo menos en la venta de uno solo de los artículos. No obstante, muy pocas empresas pueden salir adelante basándose en la venta de un solo producto. Por lo tanto su ganancia, en realidad, está apoyada sobre su precio, multiplicado por el número de artículos a vender, menos el costo de los mismos.

El precio que usted establezca habrá de influir en sus clientes. Algunos compran solamente por el precio, o consideran al precio como un factor determinante. Muy pocos son aquellos que no tienen en cuenta el precio para nada. La mayoría de los compradores persiguen obtener el mayor valor — real o imaginario— por dólar invertido. (Este factor es conocido comúnmente como "valor estimado").

El "tope" y el "piso" son términos que se emplean para designar respectivamente los más altos y los más bajos márgenes de precio a los cuales puede aspirar. Su tope será el que ofrece la competencia, mientras que su piso estará determinado por el precio más bajo que pueda ofrecer y que siga, sin embargo, rindiéndole ganancia. A veces habrá pensado en vender por debajo del costo, para ganar clientes que probaran su producto o servicio. No obstante, es evidente que usted debe vender por encima del costo para obtener el provecho adecuado; es decir, los dólares que le permitirán mantener a su empresa en marcha.

Si usted es más eficiente que su competidor puede,

por supuesto, vender por debajo del precio que él estipule y aún obtener suficientes ganancias como para hacer frente a sus otros costos (tales como sueldos y alquiler) y puede hasta llegar a obtener óptimos beneficios. Por el contrario, si vende por debajo del precio de su competidor, probablemente espere vender muchas más unidades del producto para rehacerse de la escasa ganancia. Y es evidente que su ganancia bruta será muy probablemente más baja que la que obtenga la competencia por la venta de cada unidad. Por su parte, el alto valor —real o estimado— es posible que le permita vender por encima de los precios de la competencia. Esto, sin embargo, puede reducir el número de sus ventas (como el bajo precio puede incrementarlas). Sin embargo, si puede compensar la reducción de las ventas por la ganancia extra de dinero que ingrese en virtud del alto precio, el caudal de ganancias se acrecentará.

El precio debe ser una vidriera no un obstáculo. Por ejemplo, establecer importantes descuentos para los clientes más importantes, por lo general habrá de acrecentar la impresión de su eficiencia y conveniencia, lo cual representa una base razonable para una reducción del precio.

Es evidente que su decisión puede ser algo tramposa. El precio que establezca deberá estar más o menos entre su costo y el precio de la competencia. Pero, si pretende marcar un precio mayor que el de la competencia tendrá que tener en cuenta la necesidad de efectuar algunas estrategias especiales de marketing y/o brindar un producto o servicio de excepcional calidad.

Nueve consejos para una
estrategia efectiva de precios

1) Muchos productos fracasan tanto porque su precio es demasiado bajo, cuanto porque es demasiado alto.

2) Es más fácil abaratar los precios que aumentarlos (a valores constantes).

3) Un precio "de nivel" (relativamente alto) puede contribuir a incrementar el valor estimado.

4) Una estrategia muy efectiva consiste en comenzar con un precio relativamente de alto "nivel", para rebajarlo después. El resultado es un alto nivel estimado de calidad, más un atractivo "valor".

5) Un precio bajo (o "defensivo") puede desalentar a nuevos competidores.

6) Hacer un test de precios entre un grupo muestra de consumidores es un excelente medio para obtener valiosas informaciones. Tenga en cuenta las reacciones positivas y negativas en varios niveles de precios.

7) Fije el precio de tal manera que pueda alcanzar el máximo de ventas posible.

8) No se deje envolver en conspiraciones de precios o manipulaciones turbias.

9) No lo olvide: su estrategia de precios puede atraer a los clientes y confundir a los competidores.

En el marco de su estrategia de marketing el precio es un elemento de importancia vital. Por lo general se lo puede variar de inmediato, lo que no ocurre con su producto o su presentación. Mediante una política de precios efectiva e inteligente, usted puede superar a la competencia en todo sentido... y ocupar un puesto mayor en el mercado.

La reunión de los empresarios-alumnos se estaba desarrollando a las mil maravillas. En un rincón dos viejos amigos recordaban tiempos idos sobre sus vasos de bebida.

—¿Qué habrá sido de Myron Lavolt? —dijo uno de ellos.

—¿Te refieres a Myron Pocasluces? —respondió el otro—. ¿El más tonto de la clase 1979?

Una de las profesoras que los había tenido como alumnos de contabilidad elemental los oyó al pasar.

—Tienen que saber —les dijo— que Myron Lavolt ahora es presidente de una cadena comercial de su propiedad, con mil quinientos empleados. Gana un sueldo de poco más de cinco millones y medio de dólares anuales, y su empresa no hace más que progresar. Por lo demás, ustedes están absolutamente en lo cierto. Tengo que admitir que fue, sin lugar a dudas, el estudiante menos prometedor que tuve en mi vida. Y les diré, con toda franqueza, que estoy asombrada. No puedo entender cómo lo hizo.

Los dos estudiantes la miraron con descreimiento.

En ese preciso momento, vieron a través de la vitrina estacionarse una lujosa limousine frente al hotel. El chofer bajó, y abrió la portezuela. Vieron bajar a Myron Lavolt, impecablemente vestido, sonriente, costosamente alhajado y sosteniendo un bastón con empuñadura de oro. Tres guardaespaldas lo acompañaron hasta el hall central.

Era la estrella de la reunión. La gente se apiñaba a su alrededor con la esperanza de que algo de su buena suerte se les pegara. Por fin, hacia el final de la tarde, pudo más la curiosidad de la profesora, quien se aproximó a Myron Lavolt y lo miró de frente.

—Myron —le dijo—, dígame. Dígame como pudo lograrlo. ¿Qué diablos hizo para tener tanto éxito?

—Bueno —respondió—, no hice más que seguir una regla muy sencilla. Sólo recargué los precios un tres por ciento. Ese es todo el secreto.

—¿El tres por ciento? ¿Nada más? —preguntó la profesora confundida.

—¡Aha! —replicó Myron—. Eso es. El tres por ciento. Si algo me cuesta un dólar, lo vendo a tres.

COMO GANAR LA BATALLA ANTES DE IR A LA GUERRA: ESTRATEGIA Y TACTICA DE MARKETING PARA SU EMPRESA

¡La competencia me está matando! ¿Qué debo hacer?

Este es un problema corriente. En muchos ramos de mercado y de productos o servicios se da que una o dos empresas dominantes lleguen a hacer extremadamente difícil la sobrevivencia de los competidores. Ellas se apoderan (o roban) cada vez mayores porciones del pastel, y en algunos casos anulan directamente la posibilidad de las pequeñas empresas. Ocasionalmente, echan mano de una deliberada y despiadada estrategia. La lógica que está detrás de esto es que es más fácil eliminar del mercado a una marca de poco relieve (y ganar para sí la porción correspondiente) que tratar de alcanzar relieve a partir de una marca de mayor importancia. Y usted puede convertirse en víctima de esta "violencia" de mercado, fuera esta deliberada o no.

"Observe a sus competidores —dice el adagio del marketing tradicional— porque serán los primeros en descubrir sus errores." En cierto sentido, las presiones que debe soportar resultan una excelente señal, puesto que le están indicando sus puntos vulnerables. Con frecuencia le permitirán reforzar o defender sus puntos débiles antes de que las circunstancias adquieran proporciones críticas.

LE BRINDAMOS ALGUNAS SUGERENCIAS

1) En primer lugar, estudie minuciosamente cómo se desarrolla el mercado. Tome nota con toda exactitud de cuánto hace la competencia. ¿Cuándo? ¿Dónde? ¿Cómo?

2) Después, pregúntese: "¿Es posible que yo aproveche algunos de los medios que ellos emplean? Puede ser posible, ocasionalmente, que su "inteligencia" de mercado (vendedores, compradores o amigos) lleguen a descubrir el plan de alguno de sus competidores, lo

cual le dará la posibilidad de lanzar uno mejor... dos o tres semanas antes que la competencia.

3) No olvide que los demás están lejos de obtener una mejor porción de la torta que la de usted en el mercado. Por el contrario ¡podrían estar (y lo están probablemente) detrás de su tajada! No se quede sentado esperando a ver qué pasa.

4) Gáneles de mano. Es posible, a veces, que hasta una pequeña decisión de su parte deje sin efecto y hasta anule el programa de la competencia. Por ejemplo, si ofrecen un descuento del X%, usted puede ofrecer el mismo descuento, más un Y%. Si ofrecen un nuevo producto, usted puede estar en condiciones de presentar dos, cada uno de los cuales tiene las ventajas de varios otros productos y evidentes beneficios para los clientes. Usted puede permitirse el lujo a veces de superar o por lo menos igualar las ofertas; pero debe hacerlo bajo la APARIENCIA de brindar mejores condiciones... y sólo por muy corto tiempo.

5) Mejore (NUNCA BAJE) el nivel de calidad. Ponga a prueba el producto, el diseño de su envase, tamaño, su exposición o distribución. Piénselo dos veces antes de arriesgar su bien ganada reputación a la vista de los clientes. Este debe ser uno de sus principales objetivos.

6) Preste atención a las habladurías. Trate de saber de qué manera otras pequeñas empresas se las entienden con los desafíos a los que usted debe hacer frente. Es posible que de este modo pueda sacar ventaja de algunas brillantes ideas de los demás.

Afortunadamente, usted puede rivalizar con la competencia trabajando si no más, con mayor inteligencia. Una de las posibilidades es mejorar su publicidad (por supuesto, si hace uso de ella). Busque el mejor tema dentro de los presupuestos publicitarios de la competencia, teniendo en cuenta que un aviso bueno y otro pobre cuestan lo mismo. (Consulte el índice respecto de algunas ideas para orientar adecuadamente sus campañas publicitarias.)

Un caso histórico: La Royal Crown Cola, Ltd. de Canadá era "el último de la fila", la recién llegada a un mercado de considerable importancia. Firmas colosales como Coca y Pepsi pretendían mantener su primacía.

La astuta gerencia canadiense (entre ellos, el autor) estudió la eficaz estrategia adoptada por los envasadores de los Estados Unidos y aplicó su técnica en el Canadá. Se abrieron cuentas a los distribuidores y se hicieron algunos arreglos para una exhibición de preferencia. Se lanzó una campaña de publicidad periodística de avisos cuya eficacia se comprobó previamente.

Los corredores de Royal Crown aprendieron de la estrategia de sus gigantescos competidores, quienes ofrecían un cinco por ciento de descuento por determinado volumen de pedidos. Los "últimos de la fila" coparon el mercado con anticipación al ofrecer un plan que contemplaba el diez por ciento. Invadieron a los minoristas con su producto especial, hasta que quedó poco espacio que disputar en las estanterías cuando las grandes empresas llegaron a ofrecer sus productos. De ahí en más, Royal Crown lanzó una campaña de promoción aun mayor, que derivó en resultados altamente positivos.

Las empresas líderes del mercado pueden ser gigantes, pero por eso mismo no pueden moverse con la agilidad de sus rivales más pequeños. El tamaño de su empresa puede llegar a ser su arma secreta y la mejor manera de impedir que la competencia lo aniquile.

¿Cómo hallar mercado en estas condiciones?

Muchas empresas consideran bastante difícil sobresalir en el marketing frente a los desafíos que significan las empresas de mayores recursos. Estos recursos pueden ser de varios tipos: competencia invasora; campaña de descrédito de su empresa; cambios considerables en los gustos y las actitudes de los consumidores; una economía nacional en baja, o dificultades para aunar calidad y recursos de los otros en su propio mercado. En ocasiones es necesario hacer frente simultáneamente a todas estas circunstancias.

Nadie le dirá que es una tarea fácil. Trate de no ahogarse en un vaso de agua y no magnifique los problemas.

Tenga en cuenta los hechos. Estúdielos con cuidado; asegúrese de que no está actuando influido por comentarios de terceros o a través de interpretaciones de fuerte carga emocional. Luego, póngase a estudiar la situación. Como ya hemos dicho, un problema bien definido, por lo general está a medias resuelto.

Considere sus posibilidades. ¿Cuáles son los únicos esfuerzos que puede hacer su empresa o cuáles las actitudes que puede adoptar? ¿Qué hace la competencia en casos similares? ¿Podría usted adoptar la misma política? Tenga en cuenta que hay muchas empresas que ante un mal panorama financiero reaccionan incrementando el marketing, nunca disminuyéndolo.

Si determina que hay que apretarse el cinturón, y quiere disminuir los gastos de marketing, no eche todo por la borda antes de haberlo pensado convenientemente. Tome sus decisiones con cuidado, y ponga en práctica aquéllas que comúnmente no puedan arrastrar consecuencias adversas. En estos casos hay muy pocas soluciones que no sean "dolorosas". Sin embargo, las ideas que damos a continuación pueden significar un buen punto de partida para valorizar al máximo los preciosos recursos (léase: dólares) de marketing en un medio hostil.

Primer paso: simplifique sus medios de investigación. Para muchas empresas la encuesta informal o las conversaciones personales con los consumidores pueden llegar a tener resultados equivalentes a los que podrían obtenerse con otros métodos más sofisticados.

Segundo paso: encauce adecuadamente la producción del marketing. Muchas empresas consideran que si, por ejemplo, disminuyen gastos con el free lance o los costos de las agencias de publicidad, el simple aviso puede en efecto provocar un impacto mayor. Asegúrese de ello consultando el Cuestionario del Millón de Dólares, así como otras orientaciones sobre publicidad y recursos de promoción que se den a lo largo de este libro.

Tercer paso: deseche los trabajos inútiles para mantener la mirada atenta a nuevas oportunidades. Esto puede sonar a frase hecha, pero en realidad es un mal viento que sacude a todos y no deja títere con cabeza, sin ser de beneficio para nadie. Por el contrario, "este debe ser el momento de considerar de cerca las operaciones marginales". De este modo, aun en una situación económica difícil es posible obtener un nuevo producto prometedor o idear una línea de servicios de una empresa vacilante... ¡y comercializarlos en provecho propio!

Por supuesto que todo esto debe hacerse en armonía con grandes esfuerzos realizados por la empresa para llevar adelante un trabajo en equipo, el control de costos, la elevación de los márgenes de ganancia, y la certeza del "pago contra entrega" que habrá de rendir cada una de las etapas que se emprendan. Durante cierto tiempo, la mejor actitud a tomar en general es probablemente sopesar los rendimientos con los cole-

174

gas y los empleados, favorecer la aproximación de grupos, e inspirar excelencia y confiabilidad. Y todo esto, con alguien de mente clara que esté a la cabeza de la organización, y que muy bien puede ser usted mismo.

Cierto sentido del humor, sin embargo, no viene mal. Ahora, y más que nunca, le hace falta tomar cierta perspectiva. Trate de divertirse, aun cuando deba enfrentarse con obstáculos.

¡Lo haremos a
lo grande! ¿Qué
puede sugerirse para
mejorar el
marketing en los
buenos tiempos?

No se duerma en los laureles. No importa cuánto haya hecho para alcanzar el actual nivel de éxito. Es muy probable que ello haya dependido en no pequeña medida de seso y laboriosidad. ¡No se deje estar...! precisamente ahora que puede consolidar sus ganancias y, quizá, ¡hasta remontarse a mayor altura!

La meta es seguir creciendo siempre más... sólo que ahora puede lograr este propósito por caminos diferentes. Ponga en acción todos sus recursos para afirmar más su posición y, por qué no, hasta ponerse al frente de uno o dos de sus competidores. No importa cuánto puedan haber crecido sus negocios, la clave debe ser la rentabilidad. Recuerde el viejo dicho: "En tiempo de paz, prepárate para la guerra".

Arriésguese más de lo que hubiera hecho dos años atrás, pero no se pase. (La gente puede ir a la quiebra hasta en los mejores tiempos) ¿Existió algún proyecto que le hubiera gustado poner en práctica, pero que en determinado momento dejó de lado porque no podía pensar en otra cosa que en consolidar sus negocios? Quizá ahora sea el momento de reconsiderarlo.

Desarrolle el sentido de la oportunidad. Es muy probable que usted advierta a su alrededor nuevas y aprovechables concepciones de marketing que están esperando concretarse. Tal vez hayan sido ideas que sencillamente no pudo poner en obra cuando su propósito era que sus negocios pudieran continuar al día siguiente. Pero ahora tiene todo el tiempo del mundo para detenerse a considerar una iniciativa original.

Siga adelante, pues; trate de llevar a cabo sus proyectos. Los buenos tiempos ofrecen tantas oportunidades que algunos se sienten tentados a saltar de una a la otra, sin llegar virtualmente a concretar ninguna. Esta es la mejor manera de perder el campo que tanto esfuerzo le costó ganar. No deje que le pase.

¿Y si ordenamos el presupuesto?

Ordenar su presupuesto de marketing es la respuesta natural, racional a preguntas inevitables como: "Pare...¡veamos cuánto me va a costar, de todos modos!... ¿Qué provecho me va a producir?"

Si el capital es importante para usted (como lo es para la mayoría), entonces debe tomarse el tiempo para formular un presupuesto realista. Cuando se trata de colocar los preciosos recursos de su empresa, el equilibrio es todo. Ciertas inversiones muy pequeñas pueden llegar a hacer fracasar su proyecto, del mismo modo que una excesiva dosis de optimismo puede llegar a provocar pérdidas insospechadas.

Sus "costos" iniciales de marketing son indudablemente tiempo, pensamiento, planeamiento y revisión. Estas cosas toman tiempo, y si toman tiempo, se comen el capital. Pero por lo general es dinero bien gastado. Más adelante los mayores costos de marketing pueden incluir cualquier cantidad de cosas: comisiones a los corredores, impresiones, medios, y así hasta el infinito. Sin embargo, si formula su plan correctamente, todas esas expensas habrán de representar, en realidad, una inversión antes que un costo, porque le redituarán generosas ganancias.

Tenga presente un simple caso de contabilidad por partida doble. Supongamos que sus ventas alcanzan a 1.000 dólares. El costo de elaboración de su producto o para proveer su servicio es de 600 dólares. Esto le deja 400 dólares, de los cuales tienen que salir todos los otros costos, tales como su propia ganancia, los impuestos, las expensas ocasionales, y final pero ENFATICAMENTE no sin importancia, los costos de marketing. Considere todo esto junto y llegará a una conclusión que no deja lugar a dudas: aunque gaste menos de 400 dólares, siempre estará en pérdida.

Y ahora dé un paso más adelante consignando en el papel sus cálculos. Defina cada una de sus Entradas y Salidas, en relación con las ventas (en porcentajes). He aquí un ejemplo:

Rubro	Monto	% de ventas
Capital:		
Ingreso total de ventas	1.000	100%
Capital total	1.000	100%
Costos:		
Manufactura	600	60%
Sueldos	100	10%
Impuestos	50	5%
Marketing	200	20%
Gasto total	950	95%
Ganancia	50	5%

Usted puede ver por qué es tan importante: a) orientar su operación de manera que sea lo más eficiente posible para producir ganancia; b) mantener el costo en el nivel más bajo posible.

Conciliar estos dos objetivos aumentará su ganancia. Y es precisamente ordenando su presupuesto que podrá especificar exactamente qué plan debe seguir para alcanzar estos dos propósitos.

QUIEN ELABORA UN PRESUPUESTO
GANADOR GENERALMENTE...

...invierte lo suficiente en el trabajo.

...invierte con cuidado y prudencia.

...se asegura de que cada dólar la rinda al máximo.

...pone en acción medidas precisas de contralor de costo.

...considera una y otra vez la conveniencia de cada uno de los gastos, hasta (¡especialmente!) los más pequeños, que si se acumulan, pueden llevarlo a la ruina.

El presupuesto típico de marketing debe incluir la recolección de datos y las entrevistas (una inversión que por lo general representa un pago al contado absoluto); impresiones y folletos; presentación de los envases (a pesar de que este item termine por ser debitado bajo el rubro "manufactura"; cada uno debe fijar sus propios criterios al respecto); comisiones de venta; medios y publicidad... y muchas otras cosas. Es posible que uno no quiera (o no pueda) incluir en el presupuesto todos estos items; pero en todo caso se debe saber QUÉ es lo que se está gastando, y las decisiones deben ser tomadas sobre la base de algo más que un capricho o una ocurrencia momentánea.

Suponga que usted no quiera saber nada más con su presupuesto y disponga, por ejemplo, cortar los 200 dólares en que está "inflado", según piensa, el departamento de marketing. Es evidente que el sentido común parecería decirle que su ganancia habrá de incrementarse de 50 a 250 dólares. ¿No es así?

Por lo general, la respuesta será un rotundo "error". He aquí en lo que se convertirá en realidad el proyecto si se eliminan de él los esfuerzos de marketing:

Rubro	Monto	% de ventas
Capital:		
Ingreso total de ventas	750	100%
Capital total	750	100%
Costos:		
Manufactura	600	80%
Sueldos	100	13%
Impuestos	50	7%
Marketing	0	0%
Gasto total	750	100%
Ganancia	0	0%

El marketing bien conducido es capaz de incrementar las ventas considerablemente, lo cual a su vez hace que aumenten las ganancias. Al principio (digamos durante los pocos meses que siguen al lanzamiento del producto) se invierte. Las ventas pueden ser escasas o nulas. Pero a medida que el programa se va afirmando y comienza a generar ventas, seguramente usted (así lo espera, por lo menos) irá obteniendo ganancias.

Repetimos que nada se puede garantizar en este sentido...pero un buen presupuesto sólidamente elaborado le ayudará a identificar con precisión los riesgos, al mismo tiempo que los cruciales puntos muertos de todo negocio. De este modo usted podrá saber con qué se está enfrentando.

¿Puede una compañía pequeña como la mía implementar un marketing exitoso con ideas tomadas de los japoneses?

Algunos de los más destacados expertos en marketing estudian asiduamente y en profundidad el código por el cual desde hace ya cuatrocientos años se regían los samurais... y lo siguen religiosamente.

Este código es exigente pero puede ser adaptado con éxito por el marketing de Occidente. Damos a continuación los pasos estratégicos más importantes que se siguen casi agresivamente en el País del Sol Naciente.

1) Estudia muchas artes. Puede ser difícil, pero el estudio constante te permitirá acrecentar tus habilidades. No magnifiques tu propia imagen. Difunde tus conocimientos entre los demás. Conócete a ti mismo. Piensa en tus aciertos. Esfuérzate constantemente por ponerte a prueba.

2) Si piensas ponerte a la cabeza de un negocio piensa en las capacidades de tu equipo. Trabaja con grupos reducidos, y asigna las tareas sobre la base de los esfuerzos demostrados. Observa los resultados; mantente siempre alerta, de modo que puedas prever los problemas antes de que surjan.

3) Sé prudente con el empleo de tus recursos; deja de lado toda actividad que signifique derroche. Tus "armas" deben ser perfectas y conocidas de inmediato. Tus acciones deben ser eficientes, precisas y triunfadoras en toda ocasión. No hacer nada no sirve de nada.

4) Emplea tus recursos al máximo. No te limites a una sola "arma"; echa mano de cualquier agudeza y de todas tus posibilidades creativas.

5) Alcanza la victoria sobre ti mismo. Tu meta no debe ser andar el camino cotidiano, seguir de largo, sino sobresalir. Considera cada día como una "batalla" contra la ineficiencia, la mediocridad y el desentendimiento de las necesidades y los deseos del cliente.

6) Aprovecha las situaciones a medida que se presentan. Haz un culto del recto juicio, y toma resolucio-

nes; recuerda que planear el tiempo puede ser la base de todo. Sé sagaz, decidido, pero sereno. Cuando actúes, hazlo después de considerarlo dos veces... y con decisión.

7) No caigas nunca víctima de la decepción. Escucha, pero no descartes la posibilidad de que la información que obtengas pueda no ser cierta.

8) No repitas los errores. Sé vencedor mediante una estrategia correcta, no por la fuerza bruta; planea un adecuado plan de ataque.

9) Al enfrentarte a un contrincante (entiéndase, un competidor): mantente erguido y alerta; averigua cuáles son las "armas" que usa el enemigo; ataca sólo cuando la oportunidad se presente sola. Espera la ocasión para infundir ira, temor y confusión en la otra parte; cuando tengas una ventaja, explótala al máximo. Trata de destruir completamente a tu adversario.

¿Qué hay de los círculos de calidad de los japoneses? ¿De qué modo pueden ayudarnos en nuestros esfuerzos de marketing?

Se calcula que los japoneses son siete veces más productivos que nosotros. Piénselo: no sólo el 100%, sino el 700% más productivos *per capita*. Y lo dicen las estadísticas menos apasionadas. Pero hay algo que no debemos perder de vista la próxima vez que la gente se queje de "competencia sucia". La principal técnica "sucia" que los japoneses emplean contra nosotros es trabajar mucho y con más empeño.

Y sin embargo, en los Estados Unidos las pequeñas empresas se hallan en excelentes condiciones para adoptar y adaptar las ideas que hacen posible tal explosión de productividad. Un excelente punto de partida es el marketing; porque es capaz de producir un impacto inmediato para el éxito de su empresa.

Los "círculos de calidad" requieren reuniones regulares de sus componentes. Cada miembro debe recomendar alguna mejora en el producto, el servicio o el sistema en cuestión. Estos encuentros pueden llevar a extraordinarios y positivos resultados.

Lemas de las exitosas estrategias de marketing de los japoneses son: consenso, visión de futuro, control de calidad, innovación, imitación y espíritu de competencia.

Las actitudes características de los ejecutivos japoneses son: continuidad, capacidad de recursos, pensamiento amplio y con miras al progreso, disciplina, dedicación, precisión, capacidad organizativa, respeto por cada uno de los miembros de la empresa y apertura a los medios abiertos de comunicación.

Los ejecutivos japoneses, tanto en marketing como en otros campos, tienden a: dejar a la gente la posibilidad de "levantar cabeza"; reconocer que no lo saben todo; motivar el cambio de ideas entre el personal; reforzar la confianza mutua; dar ejemplos tangibles de una firme ética en acción mediante largas horas de intenso trabajo, y aceptar la responsabilidad por los resultados.

DE PERSONA A PERSONA: IDEAS DE INTERÉS ESPECIAL PARA MINORISTAS, GERENTES DE RESTAURANTES Y "GENTE" DE OTROS CAMPOS

Dirijo un pequeño comercio minorista. ¿Cómo puedo atraer a los clientes de las grandes empresas?

Respuesta: aventájelos haciendo que las ideas de ellos trabajen para usted. El comercio minorista es posiblemente el más común de los campos de los negocios. Pero a pesar de ello, no es fácil el marketing para un buen minorista, puesto que hasta las empresas de mayor volumen se han visto vacilar en este campo.

Damos a continuación algunas ideas que han sido puestas a prueba sobre la marcha. Tenerlas en cuenta le ayudará para aprovechar al máximo las oportunidades que se le presenten.

1) Sea realista al considerar la ubicación de su negocio. Si no es lo que usted necesita o si sólo puede brindarle un ambiente de ventas mediocre, múdese (la táctica contraria no siempre es efectiva). Por otra parte, es un lugar común en el negocio minorista que la ubicación es quizá el único factor del que se puede echar mano. Trate de hallar una ubicación capaz de satisfacer sus objetivos y posibilidades y que concentre mucho movimiento.

2) Propicie que su empresa muestre una imagen positiva. Bien sabe qué molesto es un empleado incompetente, descortés, mal educado, o las tres cosas a la vez. Sus empleados no tienen por qué (¡no deben!) proyectar en los clientes semejante imagen. Pero, afortunadamente, como su empresa es lo suficientemente pequeña para hacerse cargo personalmente de la realidad, con seguridad su personal podrá alcanzar el adecuado nivel de gentileza y la eficiencia requeridos. No olvide que el factor humano, en una empresa minorista, forma parte del "producto". Trate de aprovechar esta circunstancia. (¡Piense que muchas grandes compañías no la tienen en cuenta).

3) Trate de adecuar su piso de ventas a los más altos niveles. Esto es lo que hacen las grandes cadenas comerciales: lanzan un producto al frente de modo que

sea inexcusable su adquisición inmediata, pero dejando de lado toda proposición concreta de "compra". Otros, en cambio, también exitosos empresarios, se manejan en el nivel cotidiano: instalan displays a nivel de la vista, distribuyen folletos recomendando los beneficios del producto, y colocan en las estanterías carteles de promoción especialmente diseñados.

4) Si lo cree apropiado, ofrezca en el local muestras de prueba. Un buen porcentaje de quienes prueban el producto, lo adquiere, ¡y esta técnica no cuesta casi nada!

5) Por último, conozca su mercado. ¿Cómo se conduce su cliente "promedio"? ¿No le gusta? ¿Lo considera caro? ¿Cómo reacciona el comprador o la compradora ante las "ventas oferta"? Puede obtener estas informaciones de importancia vital personalmente (a través de entrevistas, cuestionarios o de la simple conversación informal con sus clientes), actuar en consecuencia, y cosechar los beneficios... y puede hacer todo esto antes de que su competencia —varias veces más grande— haya finalizado los debates sobre la necesidad de emprender alguna estrategia de marketing.

Si trabajo como minorista, ¿debo preocuparme por la presentación del producto?

¡No hacerlo es un craso error! La "presentación" que ofrezca es su propio negocio. Si es vulgar o poco atractiva, lo mejor que puede hacer es cerrar la tienda.

Si su negocio depende del volumen de tránsito, trate de conseguir una buena ubicación tanto para el acceso de quienes andan a pie como de quienes se trasladan en auto. Asegúrese de que el frente de su negocio les diga: "¡Bienvenidos... entren!"

Una vez que el cliente ha entrado en el local haga que se sienta cómodo y dispuesto a comprar.

En una palabra, compare la ubicación de su local, su fachada y el interior, con los de sus competidores de mayor peso. Los suyos tienen que ser por lo menos tan buenos como esos, si no mejores.

¿Venderé más si mi stock es amplio y variado?

Lamentablemente, la respuesta admite una de esas alternativas de "sí y no". Sí, siempre que sus clientes estén habituados a elegir entre una amplia selección de objetos y llevarse el artículo en el momento. NO, si los clientes sólo requieren algunos artículos de mayor importancia, y les da lo mismo esperar para recibirlos (o directamente no recibirlos).

Esta pregunta nos conduce a un forzoso dilema.

Una tienda de gran envergadura basa gran parte de sus ventas en su gran stock. Por lo general, éste comprende gran variedad de artefactos, accesorios de distinto tipo y productos envasados. En cambio, la ganancia de un comercio de barrio depende mucho menos de la variedad. El éxito de estos negocios se fundamenta en la idea de que uno puede ir a medianoche, por ejemplo, y comprar una caja de copos de maíz, aunque el comercio en cuestión no se especialice en cereales.

Formar un stock es una espada de dos filos. Por una parte, es necesario contar con una selección adecuada de artículos o de servicios. De otro modo los clientes se irán a otra parte. Por la otra, mantener un stock puede resultar muy caro, y es preciso que las inversiones que requiera sean razonables.

Si usted compra un auto al contado, digamos que gasta 12.000 dólares "cash down". Hubiera podido colocar esa suma a plazo fijo en un banco, por ejemplo, y ganar intereses significativos en el término de un año. Pero, en vez de ahorrar el dinero, usted decidió comprar el auto. Ahora bien, esto no le representaría una pérdida mayor en el caso de que usara el auto todos los días. Pero, si le entregan el auto y usted no lo maneja en todo un año, en realidad lo que ha hecho es tirar por la ventana el dinero que hubiera ganado en el banco. ¿Y para qué? Para tener la satisfacción de ver el auto estacionado en su garaje.

Del mismo modo, gran parte de su stock terminará estacionado en el garaje (o en el depósito). Tal vez ya no por un año, sino Dios sabe hasta cuándo. Nunca se sabe. Y no hemos hablado todavía del costo del espacio necesario para almacenar, de la luz, del control de la temperatura requerida que necesitará para almacenar la mercadería.

Todo esto demuestra que el "stockage" es caro. El mejor consejo al respecto quizá sea mantener el mínimo stock necesario para poder trabajar y cumplir con los pedidos.

Cuídese de la sobrecompra. Claro que es tentadora. Los corredores de comercio suelen ser muy persuasivos. Pueden ofrecerle precios especiales para inducirlo a adquirir grandes cantidades de mercadería. No obstante, usted debe ser prudente. Mucha gente se olvida de los costos que representa y el capital que se pierde para almacenar el stock, y el que usted "está por hacer" representa una decisión equivalente a bloquear su capital. ¿No puede, acaso, colocarse el dinero en otra área de su negocio?

La mejor recomendación que puede darse con respecto a las grandes compras (teniendo en cuenta las eventuales caídas de precio) es que espere para efectuarlas a que sus negocios estén perfectamente encaminados. Llegado a este punto, su stock necesita y requiere modelos que es preciso conocer, de modo que usted estime el volumen adecuado, de acuerdo con sus programas de venta.

Establezca un término de reposición para cada uno de los artículos. Este debe tener en cuenta el tiempo de entrega requerido para el realmacenamiento. Digamos que tardará dos semanas en recibir un pedido. En este caso, haga el suyo dentro de esos términos de reposición. Tenga en cuenta que estar desprovisto significa perder oportunidades de venta. Las grandes compañías han automatizado el proceso: cada uno de los artículos tiene una clave que lo identifica dentro de un código computarizado. Cuando la existencia del mismo alcanza determinado nivel, éste es registrado automáticamente. Su experiencia le permitirá hacer una estimación bastante precisa de los programas de venta.

Para reducir al mínimo el trabajo de mantener un stock, fíjese en la flexibilidad de sus proveedores. Algunos le ofrecerán el pago en cuotas de interés reducido por pedido de considerable volumen; otros le permitirán el pago "a largo plazo", por ejemplo, a los 120 días, en vez de los 30 usuales.

Y ahora, una muestra de humor para la galería de chistes del marketing. Un viajante de comercio entra en una tienda de comestibles, y después de observar a su alrededor, le dice al dueño: "Con toda seguridad, tiene un lindo negocio. Pero no puedo dejar de advertir que toda la pared del fondo está abarrotada hasta el techo de paquetes de sal. ¡Seguramente, por estos lados se vende mucha!" El otro mira la barricada de sal, sacude la cabeza y dice con un suspiro: "No, en verdad yo no vendo demasiada sal. Quien vende mucha es el corredor".

¿Cómo puedo hacer para montar la más efectiva y económica campaña de marketing para mi restaurante?

Según lo entiende el marketing es posible a menudo determinar qué restaurante tendrá éxito y cuál fracasará. Sin embargo, muchos restaurantes (es decir, gran parte de su competencia) no están en condiciones de aprovechar los ingeniosos, seguros y gratuitos esfuerzos que ofrece el marketing.

HE AQUI DIEZ IDEAS QUE LE PERMITIRAN GANAR CLIENTES Y UNA POSICION DESTACADA

1) La publicidad local puede favorecerlo si la prensa refiere relatos de verdadero interés humano, como por ejemplo la historia de su restaurante, o algunas anécdotas interesantes de su clientela. Muchos restaurantes omiten la más elemental de las estrategias: ¡invitar a los columnistas gastronómicos! (Por supuesto que cuando esta gente atraviesa las puertas de su local, usted se asegurará de que se les brinde el mejor de los servicios).

2) La ubicación de su local es tan importante para su negocio como lo es para el comerciante minorista; verifique que transite una buena clientela. De lo contrario, es mejor que se mude. Una vez hallado el sitio adecuado, exponga el menú y toda imagen que crea positiva en un lugar destacado en el frente, de modo que puedan ser vistos por todos. El lugar ¿es accesible? ¿Es fácil llegar? ¿Hay suficiente lugar para estacionar? ¿Se lo distingue claramente de noche?

3) Las "gentilezas de la casa" pueden ser sumamente gratificantes en ganancias. "Sírvase 'bistec'; ¡la casa le obsequia el postre!" Esto puede rendir considerable provecho al promover más pedidos de los platos más caros.

4) Las ofertas semanales pueden aumentar su clientela. Por ejemplo, un restaurante frecuentado por familias puede ofrece platos gratis para los niños cada miércoles, o un pianista de jazz los jueves a la noche. Hágalo constar en la marquesina o carteles ubicados en la vereda. (Muchos restaurantes de éxito ofrecen promociones de este tipo DIARIAMENTE.)

5) Una de las claves del éxito es poner el énfasis en la atención personal. ¿Puede alguien decir que alguno de sus empleados es un mozo? ¡No señor, no es un mozo! ¡Es un vendedor! Y como tal, debe tener tacto, carisma, entusiasmo y un alto nivel de confianza en sí mismo y en su poder de motivación. Sus camareros y camareras son el medio de comunicación que usted tiene con sus clientes. Por lo tanto, deben ser seleccionados, entrenados, supervisados, y pagados como se merecen. Si consideran que están en un trabajo sin porvenir... ¡usted está manejando un restaurante también sin porvenir!

6) Aparecer en el local y conversar con los clientes es una actitud altamente recomendable para los gerentes de restaurante. Ello demuestra que una atención personalizada con el cliente a usted puede brindarle valiosa información. Si usted se considera por encima y alejado de sus clientes, tenga la certeza de que se cortará de plano el circuito de la comunicación. Eso no es una buena idea. No sea nunca indiscreto, pero sepa provocar los comentarios con tacto y profesionalidad. Pregunte —personalmente— qué piensan los clientes del servicio que se les brinda. Pregunte —personalmente— cómo se puede mejorar. Pregunte —personalmente— si las especialidades que ofrece son apreciadas.

7) Es muy importante para un restaurante la reacción que se adopte frente a las críticas de los clientes. Por eso es necesario frecuentar al cliente y aproximarse

al ambiente. Quien se ha visto decepcionado por un error de caja en una cuenta bancaria, tiende a corregirlo de inmediato, pero quien se ha sentido maltratado en un restaurante es casi seguro que no regresa. En ciertas situaciones no se limite a evitar "escenas": requiera de los clientes consejos para mejorar el servicio. Y no lo olvide: un cliente enojado, por lo general es alguien que le está diciendo algo que usted necesita oír.

8) ¿Y la publicidad? Si decide hacerlo, fíjese con toda atención en la de la competencia. Tal vez usted quiera afirmarse poniendo de relieve la honestidad de la firma o publicitar algunos días de menús especiales, o indicar que acepta tarjetas de crédito o cupones empresarios. Tal vez quiera, sencillamente, imitar lo que a otros les da buen resultado... pero asegúrese de la eficacia que puede tener para su caso consultando el Cuestionario del Millón de Dólares, que encontrará entre estas páginas.

9) El mejor trabajo promocional del mundo no puede hacer nada por un restaurante sórdido, sucio, o en términos generales "poco apetitoso". Fíjese que el "envase" que usted está presentando al cliente sea el que él desea ver.

10) Si fracasa, pare. Quizá le convenga volver a pensar la idea básica de su restaurante. ¿Prefiere que sea un lugar para almorzar, más bien que para cenar? ¿Ofrecer platos refinados para "gourmets", en vez de comida casera para familias? ¿Permanecer abierto las veinticuatro horas? Investigue el asunto minuciosamente, y piénselo antes de dar el salto; pero si le parece que el cambio es adecuado, no deje de hacerlo.

Estoy pensando organizar una empresa doméstica. ¿Qué es lo que más me conviene?

"Cualquier camino que decida tomar, debe conservar su capital y aprovechar al máximo sus esfuerzos. Para la pequeña empresa la palabra clave es: cautela. Cuando se inicia un negocio de tipo hogareño (¿Podríamos clasificarlos como "micro-empresas"?) esta regla es mucho más importante: no invierta ni un centavo hasta asegurarse los resultados que pretende obtener.

Imagine que su cuñado tiene una gran idea en cuanto a la publicidad y puede darle "una mano" por una módica suma de dinero. Piénselo dos veces. ¿Quién extenderá el cheque destinado a comprar el espacio de ese aviso malo? ¿Usted... o su cuñado?

Concéntrese en lo absolutamente seguro: los esfuerzos que haga para valorizar su imagen entre los posibles clientes y por el mínimo de dinero. Entre esos esfuerzos están la alta calidad de sus tarjetas de presentación, de la papelería y de las listas de clientes futuros. Pero hay también otros aspectos "de bajo o nulo costo" que se han demostrado efectivos para las empresas de tipo doméstico: avisos en los pequeños órganos locales de difusión, como los que distribuyen las iglesias y otras entidades comunales. Sueltos periodísticos anunciando las actividades de la empresa a los diarios locales, y campañas "de boca a boca" entre sus amigos y relaciones.

Pagar un espacio en las Páginas Doradas cuesta algo de dinero, pero muchas pequeñas empresas lo hacen. Esto puede destacar su comercio, apuntalar su imagen profesional y suscitar la curiosidad.

Tenga en cuenta, sin embargo, que para algunos tipos de negocios, las Páginas Doradas representan un derroche de dinero antes que una verdadera oportunidad. (El tema se considera con mayor detalle en otra parte de este libro).

Trate de identificar una pequeña porción de público

que podría hacer uso de su producto o servicio, para elegir a continuación el medio más económico de llegar hasta él. En este período deseche todo tipo de envío de propaganda postal o publicación de avisos. La razón consiste en que es mucho más factible que logre convencer a poca gente de su excelente trabajo (¡y debe ser excelente!) que a todos los clientes potenciales de una extrensa área metropolitana. Durante los primeros tiempos el juego debe limitarse a hallar y conservar clientes. Para eso, la clave del éxito es la calidad. No olvide que, virtualmente en todos los ambientes, tendrá que ser considerablemente mejor que la competencia si pretende ingresar en el mercado de manera significativa.

La gran mayoría de las empresas de carácter doméstico fracasa durante el primer año. Esto no debe ser muy agradable, pero, lo repetimos, tales empresas tampoco corren demasiado riesgo financiero. Las pérdidas que pueden resultar si los negocios no marchan son mínimas. No se entusiasme con una sola idea en especial si no ha probado su validez. Una vez que usted haya logrado el objetivo de seguir funcionando bien después de algunos meses, y se sienta seguro de sus ganancias, estará capacitado para poner en práctica algunas de las ideas más elaboradas (y potencialmente más convenientes) que figuran en este libro.

¿Es absolutamente necesario hacer publicidad en las Páginas Doradas?

En general, no, pero la respuesta es diferente según la empresa. En la actualidad esta pregunta es más difícil de responder que en otro tiempo. En parte porque muchas regiones tienen dos o más guías telefónicas donde se publican avisos pagos. La competencia puede provocar la reducción de las tarifas y algunas empresas aprovechan para sacar ventaja de esta circunstancia.

Es importante señalar que hay una amplia tendencia a facilitar las cosas al cliente, y en este sentido se puede decir que un recurso tan importante como la guía telefónica puede ser un buen camino para empezar. Sin embargo, es evidente que para muchas empresas las páginas amarillas no resultan el lugar más adecuado para anunciar.

Es evidente que usted no puede esperar que cada uno de los llamados que reciba se convertirá en ventas. Existen dos tipos de respuesta: los llamados para obtener mayor información, y los llamados para hacer pedidos. Cada uno de ellos tiene su importancia, pero a usted le toca tener presente esta distinción al evaluar la eficiencia de un aviso.

La única e indiscutible regla en este caso es que usted debe pensar en función de cliente. Si su probable cliente se decide a comprar su producto o servicio a través de la consulta a la guía telefónica, es evidente que usted debe publicar un aviso en ella. Sin embargo, hay que tener en cuenta que muchas actividades comerciales no entran en esta categoría.

Piense en el uso que usted hace de la guía. La diferencia consiste en que si usted necesita un cerrajero, recurre a la guía. Pero no hace lo mismo si busca un video-club, porque debido a la gran cantidad existente su elección se hará teniendo en cuenta la proximidad de uno de ellos a su domicilio.

¿Debo anunciar?

Nuestra cultura está invadida por los comerciales. En televisión, en radio, en cada superficie que los clientes potenciales pueden ver y oír es seguro que se hallará un aviso. Por lo tanto, si usted quiere vender algo, lo primero que debe hacer es comprar el espacio de publicidad. ¿Puede hacerlo?

Es comprensible que muchas pequeñas y medianas empresas se formulen esta pregunta ante sus planes de marketing. La publicidad paga es esa parte del marketing a la cual la gente está expuesta con mayor frecuencia. Sin embargo, no es lo más aconsejable para empezar.

El mejor consejo que puede darse a la mayoría de las pequeñas empresas es no recurrir a medio alguno. La publicidad es cara, arriesgada e imprevisible: no es para todos. Sin embargo, las actividades que usted desarrolla pueden requerir algún tipo de conocimiento del consumidor mediante una campaña en gran escala que no encuadra dentro de las categorías "sin cargo" y que se contempla en otras secciones de este libro.

Si es este el caso, y si después de la debida consideración, usted decide que debe anunciar, tenga en mente una serie de factores, que se bosquejan en las páginas que siguen. Sin embargo...

Si tiene usted alguna duda, analice su situación a conciencia antes de invertir dinero en publicidad.

Si hago publicidad, ¿cómo elijo el medio más efectivo?

No confíe demasiado en los promotores de publicidad. Como los representantes de ventas se pelean por sus dólares, cada uno le dirá que son, de lejos, lo mejor para satisfacer sus necesidades. No es posible que todos tengan razón. Converse el asunto con un colega de confianza o algún profesional serio que conozca sus necesidades.

En la elección de los medios el secreto está en hallar aquel que llegue a los futuros clientes con el mínimo gasto y el mayor acierto. El método más adecuado debe ser aquel que "contenga" mejor su mensaje de venta. La determinación de los mejores niveles de eficiencia —con el menor gasto— depende, por lo común, de:

1) Un cuidadoso planeamiento de todos los costos (incluso los de producción).

2) Una adecuada planificación de los medios. No hace falta que ocupe más de una página. El plan debe incluir los gastos previstos, argumentos de venta, objetivos, plazos, cronogramas, y breves consideraciones sobre los aspectos positivos y negativos de los dos o tres medios propuestos.

3) Conjugar su *intuición* con lo que dicen los números.

Las preguntas que usted debe hacerse sobre cualquier medio son las siguientes:

¿Cuál es el alcance de estos medios? ¿Audiencia, lectores, circulación?

¿Este medio es conveniente para promover mis productos o mis servicios?

¿A quiénes apuntan mis intereses?

¿Puede este medio llegar a ellos?

¿Qué porcentaje del público al que apunto recibirá mi mensaje?

¿Qué porcentaje de la audiencia total de este medio forma parte del grupo de mi interés?

Los representantes de ventas suelen ser un tanto imprecisos al responder estas dos últimas preguntas. No los deje seguir adelante. Si le dicen que no están al tanto de las cifras exactas, pídales que le den por lo menos una estimación. Si no pueden, dígales que usted no cierra trato hasta obtener esa información.

Muchas grandes corporaciones ni siquiera se preocupan por el tema de la "selección de medios". A partir de sus posibles clientes, van trabajando su acción, atendiendo qué revistas, programas televisivos y radiales son los que prefieren. Esta estrategia tiene la ventaja de permitir que sus clientes potenciales le digan cuáles son sus gustos, mucho mejor que otro método.

Digamos, hipotéticamente que "El show de los Cosby" es el programa televisivo más popular del país. Usted considera la posibilidad de promocionar en él sus productos.

Ya ha determinado que el grupo de clientes potenciales al cual apunta está formado exclusivamente por hombres y mujeres de una altura por debajo del metro y medio y que usan medias a rombos de colores: una infinitésima parte de la totalidad del público. Usted hace un estudio informal de 125 de esos posibles clientes, y descubre, para su asombro, que mientras el 40% del resto del país mira "El show de los Cosby" todos los viernes a la noche, sólo el 1% son sus clientes potenciales. Conclusión: A pesar de que usted alcance a mucho público con su aviso, lo cierto es que al 99% no le interesará en lo más mínimo. "Cosby", por lo tanto, no es la mejor inversión publicitaria para usted. (Naturalmente, los mismos principios rigen para la elección de los medios de publicidad de prensa y radio).

¿Cómo debo redactar mi aviso?

El propósito que lo lleva a publicar un aviso es generar la mayor cantidad posible de ventas por dólar de marketing. Por supuesto que para lograrlo desea permanecer dentro de los límites legales y del buen gusto.

Piense que no está tratando de elaborar una obra de arte. Tenga siempre bien presente que si el aviso es extremadamente bello pero no da resultados, es un fracaso total.

Si el aviso es un poco atrevido y simplista en su redacción, pero da buenos resultados produciendo un salto del 30% en el número de sus clientes, es todo un éxito. En la televisión existen fórmulas publicitarias francamente "trilladas"; son lugares comunes que se repiten una y otra vez porque surten efecto.

Damos a continuación algunas reglas que adoptan las grandes compañías, que le servirán para determinar el impacto de su aviso. Imaginemos que usted ha planeado un aviso periodístico, ya que la transmisión masiva de publicidad sobrepasa largamente las posibilidades de las pequeñas empresas. (Estas indicaciones básicas le permitirán probablemente afinar la redacción de su mensaje, no importa para qué medio esté destinado).

Complete una ficha especificando las características que deba tener su aviso. Indique el producto o servicio en sí, su envase, el precio y el medio que usted haya seleccionado para publicarlo. También indique las medidas del aviso, su duración, el precio, y toda otra información referente a los posibles futuros clientes que usted quiere atraer.

Siga la fórmula familiar AIDA: atraiga la ATENCIÓN, suscite el INTERÉS, provoque DESEO, incite a la ACCIÓN.

Imagine una frase de encabezamiento. Esta frase puede sacudir al público o hacerlo leer; formule una pregunta o proponga un desafío. Pero siempre su frase debe actuar de tal manera sobre la gente que la deje absolutamente inmovilizada frente a ella. Debe ser corta (con frecuencia este es el componente más dificultoso del aviso). Formule entre diez o quince frases. Seleccione la que le parezca más convincente, con la ayuda de algún colega de confianza.

Pruebe los efectos de esta frase en el texto principal, o bien añada la descripción de algunos beneficios claves de su producto o servicio.

Examine otros avisos que dan buenos resultados y considere la posibilidad de adoptar el formato de ellos. Advertirá, en cuanto a la diagramación de la página, las sencillas recomendaciones que damos a continuación. Han sido practicadas con buenos resultados:

1) Cuando emplee elementos visuales, la ilustración debe ocupar, como mínimo, el 25% y, como máximo, el 50% del espacio disponible.

2) Las ilustraciones resultan por lo general más eficaces si se ubican iniciando el aviso, en el ángulo superior izquierdo.

3) Una de las más sólidas y felices ilustraciones para un aviso es la gente feliz usando el producto anunciado. La ilustración no debe ser abstracta, a menos que usted sienta que es muy conveniente.

4) El texto en sí del o de los lugares de venta debe consignarse debajo de la frase motivadora.

5) La extensión del texto debe cubrir entre el 25 y el 30% del espacio blanco. ¡Los avisos con texto demasiado denso apabullan a los lectores! Lograr que el mensaje sea claro recompensa el costo en efectivo del aviso.

(Nota: El punto anterior es ignorado muchas veces por los directivos de las pequeñas empresas, con consecuencias desastrosas. ¡Por supuesto que

222

es tentador llenar cada centímetro cuadrado de este valioso espacio! Pero se corren serios riesgos. Los mensajes "abarrotados" y "confusos" son características constantes de avisos que no funcionan, y no llegan nunca a justificar su costo.)

6) El aviso debe ser sencillo.

7) La frase final debe concluir con una "incitación a la acción". Ejemplos: "Consígalo la próxima vez que pase por el supermercado." "¡Pruébelo el lunes!". "Para mayor información llame al 879-324".

Ahora que tiene alguna idea de cómo proceder, es tiempo de que juzgue su aviso a la luz del Cuestionario del Millón de Dólares.

¿Cómo deciden gastar dinero en un aviso las grandes compañías?

Una de las respuestas la tiene ya a mano: el Cuestionario del Millón de Dólares.

En las páginas siguientes figuran 87 enunciados que pueden ser aplicados o no al plan que desea desarrollar.

Cuando tenga que decidir si le conviene invertir dinero en un aviso, la consulta al Cuestionario le será de inapreciable valor. Le evitará muchos errores caros ¡errores que quizá advierta en las estrategias de sus competidores!

Los enunciados que figuran en el Cuestionario están basados en más de diez millones de dólares gastados en investigaciones de consumo en varias empresas, y en años de trabajo de los mejores expertos del país en el campo del marketing.

Otra cosa: ninguno de sus avisos debe "salir a escena" antes de haber consultado el cuestionario.

Siga ordenadamente los enunciados que se le proponen, y asígnese un punto por cada respuesta "verdadera". Ningún aviso obtendrá todas las respuestas "verdaderas", pero algunos se comportan mejor que otros. Estos avisos así controlados representan para el anunciante menos riesgo que las ideas meramente tentativas que se le puedan ocurrir.

CUESTIONARIO DEL MILLON DE DOLARES

Complete cada uno de los enunciados con la respuesta "falso" o "verdadero". Asigne a su aviso un punto por cada respuesta "verdadera".

La persona que redactó el texto conoce perfectamente los intereses de los clientes potenciales. (V/F)

La persona que redactó el texto tiene pleno conocimiento del producto. (V/F)

El texto provoca imperiosas motivaciones humanas. (V/F)

El aviso apunta a determinado tipo de gente, y/o incorpora determinados objetivos de marketing. (V/F)

El aviso pone el acento en el placer o la autopreservación de la persona que use el producto o servicio. (V/F)

El aviso promete la satisfacción de un deseo o necesidad, o la solución a algún problema. (V/F)

El aviso compara los beneficios del producto o servicio con otras promesas alternativas. (V/F)

La primera frase del texto contiene alguna noticia importante para muchos posibles clientes. (V/F)

La frase de encabezamiento hace alusión a un mayor beneficio para el cliente. (V/F)

La frase de encabezamiento identifica y selecciona al cliente. (V/F)

La frase de encabezamiento especifica la marca de fábrica. (V/F)

La frase de encabezamiento ofrece cálidas promesas. (V/F)

La frase de encabezamiento incluye una idea breve y clara. (V/F)

226

La frase de encabezamiento está formada por menos de doce palabras. (V/F)

Si la frase de encabezamiento contiene doce o más palabras, incluye en ella testimonios o citas. (V/F)

El texto habla al futuro cliente con claridad. (V/F)

El texto da la impresión de autenticidad o de genuinidad, y no suena como artificial o rimbombante. (V/F)

El texto describe el producto o servicio. (V/F)

El texto dice cómo debe usarse el producto o el servicio. (V/F)

El texto convierte las características del producto en beneficios para los clientes. (V/F)

El texto promete resultados... no palabras. (V/F)

El texto no contiene declamaciones ridículas. (V/F)

El texto evita las exageraciones. (V/F)

El texto proporciona pruebas de sus declaraciones. (V/F)

El texto pone el énfasis en los resultados más que en las causas. (V/F)

El texto sólo manifiesta la causa para provocar la credibilidad. (V/F)

El texto es preciso y evita toda generalización. (V/F)

227

El texto sigue la fórmula AIDA: atraiga la ATENCIÓN, suscite el INTERÉS, provoque DESEO, incite a la ACCIÓN. (V/F)

El texto proporciona al posible cliente una excusa para comprar. (V/F)

La primera frase del texto es clara y fácil de entender. (V/F)

La primera frase del texto es breve, clara, "tiene gancho". (V/F)

El texto brinda evidencias para reforzar la primera idea expresada. (V/F)

El texto relata algo. (V/F)

El texto relata algo mediante ilustraciones incluidas en el aviso. (V/F)

El texto estipula el inmediato cumplimiento de una acción. (V/F)

El texto es lo suficientemente largo para desarrollar lo que cuenta. (V/F)

El texto enfoca y compara problemas y soluciones. (V/F)

El texto enumera los beneficios para el usuario. (V/F)

El texto contiene recuadros y/o listas de interesante diseño gráfico. (V/F)

El texto está interrumpido por subtítulos. (V/F)

228

El texto muestra una garantía total. (V/F)

El texto pone de relieve un slogan que describe el producto o servicio, o incita a su empleo. (V/F)

El texto está distribuido en pequeños bloques. (V/F)

Muchas de las frases están compuestas por diez o menos palabras. (V/F)

Han sido eliminadas del texto todas las palabras innecesarias. (V/F)

Las palabras que se usan no son ni trilladas ni rimbombantes. (V/F)

El texto —y el aviso mismo como un todo— incluye muchos verbos y pocos adjetivos. (V/F)

El texto —y el aviso mismo como un todo— sólo incluye las palabras apropiadas. (V/F)

El texto —y el aviso mismo como un todo— evita todo término abstracto o poco común. (V/F)

Las palabras que se emplean evocan una visión. (V/F)

El aviso, considerado como un todo, es adecuado para el medio elegido. (V/F)

El aviso se expresa realmente con vigor e imaginación. (V/F)

El aviso es más honesto que abundante en palabras. (V/F)

El aviso llega tanto al corazón como a la mente. (V/F)

El aviso es original y/o provocativo. (V/F)

El aviso se comunica fácilmente con los clientes claves. (V/F)

El aviso es sencillo en su expresión, pero no hace concesiones. (V/F)

El aviso está bien diseñado, sin ser fastuoso. (V/F)

La impresión general que da el aviso es coloquial, natural y amistosa. (V/F)

El aviso está francamente orientado hacia las ventas. (V/F)

El aviso no suena pretensioso ni pretende ser una obra literaria. (V/F)

El aviso hace uso de una emoción que parece lógica. (V/F)

El aviso permite al posible cliente tomar una decisión de compra que sea emocional y racional a la vez. (V/F)

El aviso es de buen gusto. (V/F)

El aviso es honesto y franco. (V/F)

El aviso suscita una actitud coloquial de persona a persona. (V/F)

Tomado como un todo, el aviso es claro y comprensible. (V/F)

El aviso tiende a emplear palabras sencillas y cortas. (V/F)

El aviso evita el empleo de ideas complicadas y confusas. (V/F)

El aviso es ágil y creíble. (V/F)

El aviso llega a una conclusión clara: intenta cambiar el interés por la acción. (V/F)

Al leer el aviso, la decisión de comprar parece natural. (V/F)

El aviso dice a los futuros clientes qué es lo que deben hacer. (V/F)

El aviso sugiere la compra directa. (V/F)

Las ilustraciones incluidas en el aviso se equilibran con el texto. (V/F)

Las ilustraciones empleadas en el aviso, caracterizan al producto (o servicio) cabalmente. (V/F)

Las ilustraciones que se insertan en el aviso muestran claramente al cliente las cualidades del producto o servicio. (V/F)

Las ilustraciones que se emplean en el aviso afirman lo que se dice en el encabezamiento. (V/F)

Las ilustraciones que se emplean en el aviso identifican al producto (o al servicio) con el usuario. (V/F)

Las ilustraciones que aparecen en el aviso muestran gente contenta de usar el producto (o el servicio). (V/F)

Las ilustraciones que muestra el aviso son dinámicas y sugieren acción. (V/F)

Las ilustraciones empleadas en el aviso sirven de "punto de partida" para despertar el interés en el aviso. (V/F)

Las ilustraciones incluidas en el aviso captan la atención. (V/F)

Si hay en el aviso varias ilustraciones, una de ellas es dominante y mucho más importante que las demás. (V/F).

El aviso muestra una o más fotografías de excelente calidad, más que dibujos. (V/F)

La diagramación es limpia y nada recargada. (V/F)

Aproximadamente el 25% del aviso es espacio en blanco. (V/F)

Quienes intervinieron en la ejecución del aviso están satisfechos con el resultado como para ponerle su firma. (V/F).

Y AHORA... EVALUE SU AVISO:

80 y más: Un aviso superimpactante; un indudable vencedor.

61-70: Probablemente será un excelente instrumento de ventas.

51-60: Podría ser mejor, pero puede dar resultado.

41-50: Pobre... considere la posibilidad de hacerlo nuevamente.

40 O MENOS: PONER EN CIRCULACIÓN ESTE AVISO SIGNIFICA CORRER UN SERIO RIESGO. El peligro está en que no habrá de rendir los resultados que usted desea. Se le recomienda calurosamente volver a sentarse a la mesa de dibujo.

No me siento
capaz de redactar
el texto del aviso.
¿Debería consultar a
una agencia?

Es mucha la gente que no se siente capaz de redactar su propio aviso. Damos, por lo tanto, algunas indicaciones útiles para las pequeñas empresas.

SÍ, si la agencia tiene la debida experiencia y no le importa cobrar una tarifa reducida a un cliente pequeño en un esfuerzo evidente para lograr éxitos futuros.

NO, si las opciones a las cuales puede recurrir son: a) una agencia de importancia, con las tarifas corrientes; b) el amigo de colegio de su cuñado, quien acaba de empezar; c) el muchacho de la otra cuadra, porque resulta barato; o d) cualquier agencia que encuentre en las páginas amarillas.

Si le parece que no es apropiado para usted organizar sus propias campañas, entonces la agencia adecuada puede abrirle el mundo. Una empresa como esa puede ayudarle a hallar buenas ideas de venta, la mejor redacción de los textos y los servicios de su departamento de arte. Además, puede prestarle una ayuda valiosa en cuanto a la selección de los medios.

Pero ¿dónde voy a buscar esa agencia? Para eso le brindamos un cuestionario que le ayudará a identificar la que pueda ofrecerle la mejor calidad a cambio de sus dólares. La ventaja de consultar el cuestionario consiste en que incluye puntos claves, evitando así los inconvenientes que usted olvide tener en cuenta. Es más, permite juzgar a todos los candidatos con la misma vara para evitar las decisiones emocionales. Recuerde, sin embargo, que si bien pretende mantener un criterio objetivo, siempre se dejará guiar por una "corazonada" al elegir su agencia.

Por supuesto que usted puede necesitar requisitos especiales de una agencia para su producto o servicio. Nada le impide agregar o suprimir al cuestionario cuanto su situación demande.

CUESTIONARIO MODELO
(Evalúe cada uno de los requisitos de 1 a 10)

Requisito	Agencia "A"	Agencia "B"
Ubicación (¿De fácil acceso?)	5	9
Importancia (¿Demasiado grande? ¿Demasiado pequeña?)	8	4
Crecimiento (¿En aumento? ¿En receso? ¿La agencia es "firme" o está "estancada"?)	7	6
Experiencia en redacción publicitaria (En la esfera de su mercado)	8	5
Departamento de arte (¿Tiene bastante diversidad?)	8	4
Servicio de medios (¿Tiene bastante experiencia en su mercado?)	7	3
Experiencia en prensa vs. radio-TV-publicidad mural (¿Es adecuado el presupuesto para usted?)	3	4
Aprovechamiento de medios "colaterales", tales como folletos, etcétera (¿Es la agencia suficientemente hábil?)	7	4
Bocetos del aviso (¿Cómo estima su calidad?)	9	7
Comentarios de otras agencias (¿Cómo consideran a la firma sus pares?)	8	5
Comentarios de los clientes habituales (¿Qué dice la "opinión pública"?)	8	5
Posibilidades económicas (¿Está la agencia al alcance de su presupuesto?)	8	5
Factores subjetivos (¿Qué le dicta su "intuición" acerca de esta agencia?)	9	6
Total	95	67

Como ya lo hemos dicho, es posible que usted quiera adaptar los requisitos de la agencia a sus propias necesidades. Le damos algunas sugerencias adicionales: renovación de clientes, cantidad de clientes estimados, decisiones y realizaciones especiales, y orientación general de la agencia.

Al poner a prueba a las agencias siempre encontrará que quieren deslumbrarlo con una sensación de triunfo. Déjese impresionar, pero sólo un poco. No olvide que es gente que vive vendiendo cosas para los demás. No pierda la cabeza frente al "circo" que despliegan ante sus ojos. Lo que cuenta, en realidad, es lo que pueden (y quieren) hacer para ayudarlo en su crecimiento.

Hablando con
franqueza, ¿cuál
de los medios es
de menor costo
efectivo... la televisión
o la radio?

Si usted no tiene un montón de dinero para tirar, le diríamos que probablemente la radio. Sin embargo, volvemos a repetir que para muchas empresas lo mejor es no hacer publicidad. No obstante, si usted ha tomado la determinación de seguir un plan absolutamente preciso para alcanzar determinadas metas a través de los medios masivos de comunicación, le aconsejamos que se acerque a la radio. (No olvide, sin embargo, que el anuncio impreso puede resultar también extremadamente redituable).

Si bien la televisión es capaz de producir un impacto innegable, no puede ofrecerle algo que la radio sí puede hacer. Con la radio usted tiene la oportunidad de aparecer tan grande como la IBM... ¡y con menos recursos!

En televisión, los costos de producción juegan un papel importante en el éxito de su aviso. En cambio, en la radio un nivel de alta calidad es más fácil de alcanzar, a costos más bajos. Otro factor que arguye en favor de la radio es que tiene la capacidad de atrapar, interrumpir y retener al oyente, a veces de manera sensacional. Y los "cortes" entre los programas de radio y los comerciales son, por lo general, menos marcados que en televisión.

Por otra parte, la radio destaca con agudeza rubros específicos con mayor precisión que la televisión, si bien su impacto es menos espectacular.

Hay que tener en cuenta, también, que las emisoras radiales tienen mucha mayor competencia en determinada región que los canales de televisión, y que las emisoras que cuentan con más rivales están en mejores condiciones de ofrecerle espacios de publicidad más económicos. Salga de compras. Después, compare el costo por mil radioyentes, y no cuánto es lo que le está cobrando la emisora.

Ocho recomendaciones para vender bien por radio

1) Redacte por lo menos diez textos por cada aviso que desea poner en el aire. Elija el mejor.

2) Los primeros cinco segundos del aviso serán los que determinen el éxito o el fracaso. Tenga la plena seguridad de que siempre tiene una "contra" poderosa.

3) Un minuto en el aire le permite la emisión de aproximadamente 125 palabras; en 30 segundos, 60. No son demasiadas, pero hágalas rendir. Ponga todo el énfasis en los beneficios que obtendrá el consumidor.

4) Apele a los efectos sonoros para captar la atención del oyente y "engancharlo".

5) El locutor debe contagiar entusiasmo; mantenga un tono coloquial, fluido y hasta algo desenfadado. El mensaje será muy agradable.

6) Preste atención a los textos y las técnicas empleadas en avisos que estén o hayan estado en el aire con éxito y trate de imitarlos.

7) El mensaje alcanzará mayor repercusión si es repetido con frecuencia.

8) ¡Calcule los resultados!

EL EXITO
DEPENDE DE
LA VENTA PERSONAL

Voy a tomar personalmente las actividades de venta de mi empresa. ¿Pueden sugerirme alguna idea?

Son muchas las empresas pequeñas que derivan en sus "jefes" algunas responsabilidades. Una de éstas suele ser el área de ventas. Esta parte del libro servirá como breve introducción a la a menudo difamada (y potencialmente gratificante) área de ventas.

Había una vez un joven que, al visitar Nueva York por primera vez, detuvo por la calle a una dulce viejecita para que lo orientara: "Disculpe, señora" —le dijo cortésmente— "¿podría decirme cómo puedo llegar al Carnegie Hall?". La señora lo miró, sonrió y respondió: "Practique, hijo mío... practique".

Estas palabras son una excelente recomendación para quienes se inician en las ventas. Practique, practique, practique. Y probablemente no sería mala idea agregar otra recomendación: ¡Prepárese!

Posiblemente el mejor curso que puede seguir un aprendiz de vendedor es dedicarse a la venta con frecuencia. Trate de hallar algún colega más experimentado con quien trabajar, y desarrolle junto a él su propia técnica. No se detenga a comparar las objeciones que puedan hacérsele, ni los diferentes tipos de clientes; trabaje positivamente. La ventaja que le brinda esta circunstancia es la oportunidad de cometer errores (que por cierto los habrá) sin tener que afrontar los riesgos. Irá, así, aprendiendo, sin que sus ingresos se resientan. Practique la venta hasta el cansancio; en ese preciso momento, su actividad comenzará a proporcionarle resultados.

¿Puede dar resultado en las ventas manejarse con objetivos?

Por cierto que sí. Veamos de qué manera.

(En la página 44 hallará un panorama condensado de los principios de los planes objetivados de venta.)

Su *situación* se apoya en las opiniones y hábitos de compra del cliente potencial.

Su *objetivo* es concretar una venta.

Sus posibles *estrategias* dependen de una serie de pasos de carácter profesional que usted debe seguir.

Se los presentamos en la página siguiente.

1) Haga sus deberes. Llegue a conocer su producto del revés y del derecho. Sepa lo que quieren sus posibles clientes.

2) Piense cómo lo haría un cliente.

La mejor manera de lograr su propósito (es decir, una venta) es tener presente los objetivos del posible cliente... y ayudarlo para que los concrete.

3) Establezca entre él y usted algún vínculo personal.

Si lo creyera oportuno, al conversar emplee su nombre de pila. A la gente le molesta sobremanera entrar en negocios con extraños. Esfuércese por conseguir un contacto interpersonal.

4) Tome notas y presente a su candidato dibujos y diagramas. Esto mantendrá la conversación animada y le permitirá, al mismo tiempo, controlar la situación.

5) Desconfíe del lenguaje técnico. Por lo general no hace sino distanciar a la gente, y es motivo de pérdida de ventas. Empéñese más bien en hablar un lenguaje claro y directo, que facilite la comunicación. No deje dudas sobre su capacidad para resolver los problemas de su entrevistado. Ponga énfasis en los resultados.

6) Si ·muestra material desplegable, trate de

que no sea complicado y que las ilustraciones sean siempre a color.

7) No se muestre arrogante o irrespetuoso; trate de comportarse con afabilidad y desenvoltura. Los mejores vendedores no tienen actitudes académicas o de superioridad.

8) Sepa escuchar. Y no discuta nunca. Las percepciones del futuro cliente son lo único que importa.

9) Ponga todo el énfasis en los beneficios tangibles del producto. Cuanto más inmediatos y relevantes en la experiencia "real", tanto mejor.

10) Trabaje con su entrevistado. Muchos de ellos pueden estar pensando en vender la idea a su "jefe". Si bien es preferible tratar directamente con quien toma las decisiones, no siempre es posible. Retírese en el momento oportuno. Preste toda la información necesaria.

11) Una vez realizado el trabajo de campo, y si logró despertar interés por su producto o servicio, trate de concretar el pedido. ¿Qué es lo peor que puede pasar? Que le digan "no". Y esto no es un cataclismo, ni el fin del mundo.

¿Cómo puedo organizar mi estrategia de venta?

Eso depende de lo que usted vende, a quién, y bajo qué condiciones. Sin embargo, es posible aplicar algunas normas generales.

Defina las características de su comercio. Consígnelo en el papel. Una vez hecho esto, guarde el papel y comience nuevamente. Hasta llegar a la versión que le parece más ajustada.

Refuerce los hechos concretos con algún tipo de garantía: "Nuestro servicio logró incrementar las ganancias de tal empresa". (Pero aclare este punto con la gente de dicha compañía, aunque sea informalmente).

Ponga en primer lugar los problemas y las soluciones. Es en estos términos que se mueven muchos ejecutivos. Expréseles sus ideas en su propio lenguaje.

Hable en voz alta, con claridad y sencillez. Jamás podrá venderle nada a quien no puede entenderle. La correcta dicción y el buen manejo del lenguaje inspiran confianza... una de las claves de la venta.

Manténgase apartado del "yo" y del "a mí". Ponga el mayor énfasis posible en el "usted". Los términos que emplee son un factor preponderante en la transmisión del mensaje y revelan de inmediato de qué lado está usted. Presente las dificultades con prudencia. Dé a su posible cliente la impresión de que usted considera las cosas desde el punto de vista más ventajoso para él.

El negocio no se concreta solo, sino que debe estar precedido por la discusión de las necesidades del cliente, sus experiencias pasadas y lo que espera obtener. Una vez que se ha dado todo esto, el momento de la verdad suena más o menos de esta manera:

"Señor Márquez, durante el almuerzo de la semana pasada usted dijo que uno de los mayores problemas era que muchos productos no controlados ni verificados se amontonaban en las estanterías de su negocio, con resultados desastrosos. ¿Es así?"

(¿Qué es o qué le responderá? ¿"No"? Por supuesto que no. "Sí" es la respuesta de su entrevistado, si bien responde a una pregunta no relacionada directamente con la venta. Esta respuesta favorece su gestión. Sin embargo no se equivoque en las orientaciones que le proponga).

"Precisamente, señor Márquez, el pan Sojalac puede ser una solución ideal para usted... y la respuesta al problema del incremento de las ventas y de las ganancias."

(¡La solución! No sólo eso. Una solución ofrecida al instante y con conciencia profesional, en favor del beneficio del señor Márquez...).

"Es muy razonable que usted nos pida una prueba de ello... y precisamente Sojalac puede ofrecérsela. Este cuadro demuestra lo que esa marca ha logrado en otros tres mercados. Aquí están los nombres y direcciones de quienes son ahora nuestros clientes. Estoy seguro de que les complacerá hablar con usted sobre las rotundas ganancias obtenidas".

(Los hombres de negocios florecientes suelen ser escépticos. Pero esto no es un problema. Insista en indicarle dónde ha resultado un éxito su producto, programa o servicio. Si fuera necesario déle nombres y direcciones.)

"Y ahora, señor Márquez, vea algunas fotos de nuestros displays. Este, por ejemplo, cuesta 20 dólares; pero por ser su primera compra lo recibirá en forma gratuita".

(Un incentivo adecuado puede transformar al candidato en un cliente. Con frecuencia, una oferta de este tipo puede conferir una base racional para seguir adelante y concretar la compra... consolidando, de este modo, el lazo afectivo que usted ha creado).

"Usted es un hombre muy ocupado, señor Márquez, y quiero que sepa que aprecio mucho el tiempo que se ha tomado conmigo. ¿Quiere que le haga llegar un display igual para cada una de sus diez sucursales?"

(Este es el momento en que los agentes de venta comienzan a ponerse nerviosos. No importa... Simplemente formule la pregunta y cierre la venta. Es de lejos el método más efectivo una vez que usted se ha convencido de que su interlocutor tiene real interés en su producto o servicio.)

Esté preparado sin embargo, para decir algo más en el caso de que el señor Márquez no acepte de inmediato. Puede que le pregunte mayores detalles referentes a la prueba, o al precio o a las condiciones de pago. Es una excelente señal. Por lo general, cuanto más deje hablar a sus potenciales clientes acerca de sus necesidades, sus negocios o el uso potencial que harán de su producto, mejor es.

NOTA:

Muchos futuros clientes, por lo general gerentes y profesionales, le dirán "Está bien, lo pensaremos". Esto no es una mala señal. Después de todo, su entrevistado puede estar metido en grandes negocios... y esa gente trata siempre de escapar a las decisiones inmediatas. No es una mala señal que su propuesta sea encarada como una propuesta de negocio, que no se acepta o rechaza inmediatamente. Usted ya tiene la puerta abierta. Al cabo de un tiempo siga la gestión con un llamado telefónico o una carta... e insista.

¿Cómo puedo vender por teléfono?

En los últimos tiempos el telemarketing ha resultado sumamente efectivo para muchas empresas. Pero los resultados concretos dependen de las estrategias adecuadas. Sus esfuerzos dependerán del planeamiento, la modalidad de los envíos y la calidad del producto.

De los tres factores, el estilo es el que tiene mayor incidencia en el éxito o el fracaso de una campaña de telemarketing. Como en muchas otras formas de comunicación, una presentación, un "envase" persuasivo puede inclinar los hados en su favor.

Los dos problemas principales del telemarketing son: 1) Mucha gente a la que usted llama está haciendo otra cosa, y consideran su llamado como una interrupción; 2) Usted siempre debe contar con que su candidato ya tuvo una mala experiencia con este medio y no quiere repetir la experiencia.

Un telemarketing "frío" es, por propia naturaleza, aburrido para la gente. Sin embargo un telemarketing hábil, puede desarrollar una mentalidad vencedora, capaz de neutralizar el problema.

Su atención debe tener en cuenta los inconvenientes que se le puedan presentar. Piense: "Puedo concebir una presentación excelente, pero mucha gente me dejará colgado... algunos con más amabilidad que otros. Sin embargo, cada 'no' se puede revisar, permitiéndome, eventualmente, ir en busca del 'sí'".

Esté preparado para la respuesta negativa pero no se preocupe por eso. Mire hacia adelante y prepare la próxima llamada. Si fuera necesario, tómese frecuentes respiros. No tome en serio cada llamada, de manera que lo perjudique. La gente rígida no es buena telemarketer.

DIEZ PUNTOS PARA UN
TELEMARKETING DE ÉXITO

1) Desarrolle una acción con la cual se sienta seguro y aférrese a ella.

2) Que su tono de voz sea agradable y sereno. Esto lo ayudará desde el primer momento... durante el cual es mucho lo que se puede ganar o perder.

3) Identifíquese clara y brevemente, luego continúe con su venta.

4) Conduzca a su interlocutor a responder afirmativamente las preguntas que le haga: "¿Es usted Carlos Márquez?"; "¿Señor Márquez, tiene auto?"; "¿Su dirección es Avenida de Los Nogales 052?"

5) Lograda la primera respuesta, aunque en apariencia insignificante, considere que ha ganado una victoria. Ahora, encamínese hacia el triunfo final. Responda siempre con expresiones positivas, con tranquilo entusiasmo: "¡Qué bueno!" "¡Colosal!" "¡No me diga!". Después, continúe su trabajo.

6) Maneje el problema y su solución: "Naturalmente usted no quiere que su propiedad se desvalorice... Decoraciones Premier con su servicio pueden ayudarlo con una solución fácil y económica".

7) No espere ni se detenga. Trate de llenar las lagunas.

8) Manéjese sobre la base de un texto, pero actúe de manera natural, de modo que no parezca que está leyendo.

9) Siempre que sea posible suscite en el interlocutor una pintura mental... haga que la imaginación del otro trabaje en favor de usted.

10) Concrete el pedido (o solicite una entrevista personal).

¿Cuál es el
mejor método para
que mi trabajo
personal obtenga
ventas frecuentes?

En dos palabras, el secreto está en satisfacer a los clientes. Para ello, usted debería actuar así:

Mantenga lo prometido en el pedido inicial. Todo lo prometido en la primera entrevista con frecuencia se olvida en la entrega posterior, calidad deficiente, malos modos por teléfono, etcétera. No permita que esto suceda. El cliente reciente vive una situación muy especial; si usted ignora las prioridades que se merece seguramente lo perderá.

Tenga presente que sus clientes (en particular los empresarios y profesionales) tienen sus propios éxitos, tales como poder, prestigio y una posición segura. No lo olvide cuando trate de establecer una relación.

Hable el lenguaje de su entrevistado. Los banqueros, por ejemplo se sienten cómodos si se las tienen que ver con los números. Piensan en términos de ventas... ganancias... costos... reembolso de inversiones... Proyectos realistas que se refieren a casos verdaderos. Por lo tanto, es preciso que recuerde que en cualquier etapa de su relación debe hablar de esas cosas, y ellos, por lo general, se dejarán llevar por ese camino con toda facilidad. Hábleles de vaguedades, generalidades y conceptos generales y los perderá. El mismo principio se aplica a diferentes grupos de clientes; no cometa el error de pensar que no necesita adoptar el punto de vista de la otra persona, antes de haber concretado una venta.

¿Cómo se consigue un buen personal de ventas?

El presidente de una de las más importantes cadenas internacionales de hoteles fue consultado sobre la clave de su éxito. Respondió: "Es muy sencillo, una de las decisiones más importantes que tomé fue no pedir a la gente que fuera gentil. En cambio, empleé personas gentiles".

La diferencia en las ventas depende del personal.

Los buenos vendedores ofrecen la posibilidad de alcanzar cuantiosas ganancias. Además, resuelven los problemas que puedan surgir con el cliente (cosa que no ocurre con los vendedores descalificados). Vale la pena tomarse el trabajo de elegir a los mejores.

Cuando decida emplear a un nuevo vendedor, piense en eso. Toda selección de personal es importante. Pero en el caso de los vendedores resulta primordial, puesto que son ellos quienes pueden agregar a sus ganancias montos considerables. Para ocupar cada uno de los cargos disponibles, entreviste por lo menos a cuatro o cinco postulantes.

Considere las referencias que le ofrecen y saque sus conclusiones. Asegúrese de que el candidato que elija es el más conveniente.

Al examinar los antecedentes y calificaciones de cada uno, obtenga una válida y útil información respecto de sus propios objetivos y los del candidato. Si no puede emplear a esa persona, trate por lo menos, de quedar amigo. Después de todo, las posibilidades son tantas que los postulantes no dejarán de hallar trabajo en otra parte. No queme nunca sus naves; su reciente "amigo" puede resultar un contacto valioso para sus negocios, en otro momento.

Haga todos los esfuerzos posibles por ser objetivo y honesto en sus apreciaciones durante la entrevista. Confeccione una lista con las diez cualidades más destacadas que descubra en el nuevo candidato: flexible, ético, persuasivo, etcétera. Después, califique a cada candidato según las listas de sus méritos. Al término de todas las entrevistas, compare los resultados individuales. Si uno de ellos sobresale notablemente entre los demás, le será fácil tomar una decisión.

(Este método de "puntaje" es empleado por las empresas más importantes para detectar a los "tigres" de la venta.)

Finalmente, no olvide lo que Mark Twain decía del matrimonio. En cierto modo se puede aplicar también a la contratación de personal. Escribió que un matrimonio "debe formalizarse con los ojos bien abiertos al principio... y semicerrados después".

¿Cuánto debo pagarle a mis vendedores?

La retribución total que reciba un agente de ventas siempre debe llevar implícito el mensaje: "Usted es requerido y apreciado". A pesar de ello, es preciso tener presente que muy poca gente trabaja únicamente por dinero.

La satisfacción lograda en los resultados del trabajo, la realización personal y la autoestima entran también en la ecuación. Los factores incentivantes son diversos, intangibles, o bien, indirectamente, costosos para su empresa. Entre ellos deben considerarse las actividades sociales de la empresa, la instrucción y el desarrollo del sujeto, los beneficios concretos que obtenga, su mayor o menor proximidad a quienes toman las decisiones claves, etcétera.

Es indudable, sin embargo, que para muchos vendedores el dinero actúa realmente como un poderoso incentivo. El propósito debe ser crear la mayor motivación posible.

¿Cuáles son las opciones? Existe una cantidad de posibilidades. Cada una tiene sus ventajas y desventajas.

1) Sueldo justo. Es sumamente fácil y sencillo ajustarlo adecuadamente, pero sólo significa un pequeño incentivo como para ser codiciado.

2) Comisión adecuada. Su capacidad de incentivación es alta, pero está limitada a la espera que representa la concreción de las ventas. Este sistema de retribución puede incluso llegar a distanciarlo de su equipo de ventas. Si algo falla, virtualmente nada podrá retener a su lado a esa persona; si algo resulta bien, lo atribuirá a sí mismo y se considerará como operador independiente.

3) Combata estos inconvenientes mediante la elaboración de planes de ventas. Esto garantizará a los

vendedores una cuota determinada de ventas mensuales, que les permitirá, además, más ganancia por mayores ventas. Sin embargo, pude resultar caro: usted paga el sueldo "completo" también a quienes no rinden adecuadamente.

4) Sueldo más comisión. Esta posibilidad es realmente motivadora. Permite establecer condiciones aplicables a cada uno de los vendedores individualmente, facilitando el máximo control. Pero requiere que el trabajo esté perfectamente planificado.

5) Sueldo más un programa de reparto de ganancias. Puede ser que esta alternativa contribuya a crear el "espíritu de equipo", pero puede tener efectos negativos desde el punto de vista del agente. La venta es con frecuencia competitiva e individualista, y muchos programas tienen el inconveniente de que se basan en planes que provocan resentimiento entre las personas.

6) Sueldo más opción a acciones. Si su empresa cuenta con un "clima" adecuado para ello, esta propuesta puede ser sumamente efectiva. Esta técnica debe ser encarada principalmente como un incentivo a largo plazo.

7) Sueldo más puntaje para obtener premios calificados. La ventaja de este sistema consiste en que la motivación para un incremento de la actividad nace no sólo del ambiente del trabajo, sino que se genera también a partir de la casa y la familia del vendedor. Sin embargo, esta técnica tiende a lograr un trabajo más efectivo con pocas personas; muchos rechazan la idea, y hasta la consideran como degradante.

Bastará con que repare en dos o tres planes empleados por sus competidores para que pueda elegir el más adecuado para usted. Esta investigación lo pondrá frente a planes que funcionan bien y que han sido probados. Así facilitará su elección.

¿Cómo puedo hacer para mantener la motivación de mis vendedores?

Muchos buenos directivos de empresa tratan de emplear gente que sea a la vez voluntariosa y hábil, porque si bien el adiestramiento crea en el individuo la habilidad, la buena voluntad es difícil de inculcar por más que dure la ejercitación. El hecho es que los vendedores necesitan motivaciones para su trabajo de tanto en tanto.

Veamos algunas de las mejores maneras de mantener el entusiasmo de la gente.

1) Desafíelos. En efecto, dígales: "Confío en usted; ¡sé que es capaz de hacerlo!".

2) Trabaje junto a ellos para lograr mejores beneficios. Sus propios logros darán más sentido al trabajo de ellos.

3) Muestre respeto por ellos. Cada uno de nosotros lo merece, y muchos consideramos que no se nos respeta debidamente.

4) Realice reuniones regulares con su equipo de ventas. Establezca los principales objetivos; póngalos al tanto de ellos; destaque los objetivos a largo plazo. Después OBSERVE cómo reaccionan. Deje que los vendedores participen activamente en sus planes.

5) Reconozca y pondere los méritos de la gente... en público y en privado. Diplomas, certificados, plaquetas, premios... Todo esto sirve para marcar diferencias.

6) Donde surjan problemas, aconséjelos con palabras alentadoras. Ubíquese como un aliado de sus vendedores: "Este problema lo vamos a resolver entre usted y yo". "Nos equivocamos con este cliente, pero vamos a reparar el asunto". "A usted ¿qué le parece que hagamos?".

7) No inoportune a la gente en su trabajo controlando cada uno de sus llamados telefónicos. Ellos se sentirán más cómodos y rendirán mejor.

¿Cómo debo hacer para despedir a un vendedor?

RESPUESTA: ¡Tenga mucho cuidado!

¿Cuál es su propósito? ¿Desembarazarse de alguien que no está cumpliendo adecuadamente? Sí. Está bien; pero también existen otros factores importantes que usted tiene que tener en cuenta, si quiere reducir al mínimo el trauma que eso significa para ambos. Y usted desea reemplazar a esa persona por un individuo de alto nivel, optimista y productivo. Esto resulta difícil si usted encara el proceso del despido rodeado de una atmósfera de crisis negativa.

Por lo tanto, en prácticamente todas las situaciones que se presentan usted no puede enfrentar al individuo para decirle "Está despedido". Recuerde que los demás integrantes de su equipo de vendedores estarán vigilando de cerca las ideas y venidas, y las alternativas por las que pasan sus colegas. La moral puede venirse abajo (los rumores magnifican las circunstancias más allá de toda medida) cuando el despido está mal encarado.

(Tal vez sea necesario puntualizar aquí que en toda situación de despido existe la posibilidad de que el ex empleado inicie juicio legal contra usted o su empresa por despido injusto. Los trámites tribunalicios, por triviales que sean, le costarán tiempo y dinero. Por eso le sugerimos la conveniencia de que discuta el caso con su abogado ANTES de tomar la decisión de despedir a alguien).

LE OFRECEMOS ALGUNAS LÍNEAS DE ACTUACIÓN que se han mostrado efectivas a través de los años.

No tome la decisión de echar a alguien hasta no haber agotado todos los medios posibles para mejorar

Si lo cree oportuno ofrézcase para dar informes comerciales o entregarle una carta discreta de recomendación. Usted siempre estará en condiciones de ayudarle a buscar un nuevo trabajo.

De ser posible, déle tiempo para el cambio. Lo recomendable serían dos semanas.

¡No despida a nadie impulsivamente! Esta es, precisamente, una de esas decisiones que no se pueden tomar de prisa y a la ligera. El término de una relación laboral siempre tiene efectos traumáticos, y usted no desea producirlos más de la cuenta.

HAY QUE ECONOMIZAR CADA CENTAVO: Cómo ahorrar dinero en rubros que usted nunca imaginó

¿Cómo puedo obtener productos y servicios esencialmente ligados al marketing, sin gastar dinero?

Eso no es fácil, pero muchas empresas se las arreglan para conseguirlo. ¿De qué manera? Mediante el trueque y el "pago en especies".

El secreto consiste en ofrecer a la persona que está negociando con usted beneficios recíprocos. Si usted publica una revista trimestral de buena circulación entre los fabricantes de calendarios, por ejemplo, usted puede ofrecer a su impresor (suponiendo que produzca calendarios) la publicación en ella de un aviso destacado a cambio del pago (o bien obtener por ello un descuento considerable). De igual modo, si usted ofrece el servicio de diseño de interiores y necesita de un servicio computarizado, estará en condiciones de llegar a un arreglo semejante con algún cliente especializado en la selección de hardware y software... en el caso de que este cliente le pida decorar su oficina.

Si usted produce un artículo que sólo puede usarse en determinadas aplicaciones comerciales, existen grandes probabilidades de que pueda arreglar un "pago en especies". Una empresa diseñadora de software puede interesar a los proveedores en un intercambio "precio por precio" de artículos si los nuevos productos de esa firma representan una real oportunidad.

El trueque es algo que usted no puede considerar habitual con todos sus proveedores. Nada se puede hacer en este sentido si lo que ofrece no despierta el interés de la otra parte. Lamentablemente éste parece ser el caso más frecuente.

Sin embargo, muchos empresarios muy hábiles han llegado a concertar tratos fuera de lo común que les permitieron ahorrar mucho dinero. Manténgase alerta a las oportunidades y no tenga miedo de preguntar; lo peor que puede pasarle es que alguien le diga que no.

¿Cuál es la mejor manera de obtener el mejor material promocional?

Por lo general, si usted es un comerciante minorista, todo cuanto debe hacer es preguntar. Los fabricantes y los mayoristas, habitualmente, disponen de gran variedad de displays y material publicitario para los locales, y les encanta que éstos lleguen a sus manos. Si por alguna razón un mayorista no le ha ofrecido folletos, literatura, o displays que le gustaría usar, basta con que le envíe una carta a la oficina central. Por lo general esto surte efecto.

Otro asunto es juzgar la conveniencia y eficiencia del empleo de estos materiales. No todo, indiscriminadamente, acrecienta las ventas, y el espacio de su local es limitado. Si usted desea el máximo de ganancia experimente lo menos posible. Después de todo, quienes recorren su negocio son clientes reales y vivientes, no un grupo anónimo.

Afortunadamente, puede dejar que los otros hagan la investigación por usted. Veamos cómo. Póngase al habla con un minorista en su mismo ramo, pero que no sea un competidor. (Hay mucha gente que toma contacto con empresas de otras localidades). Pregúntele si ya ha probado el display "A", y en tal caso qué resultado le dio. Repita el proceso todas las veces que pueda con nuevos contactos. ¡Puede llegar a descubrir el gran resultado que producen displays que usted ni siquiera había tenido en cuenta!

Deje que los demás cometan los errores; después haga su escaparate y tome todas las decisiones de publicidad en el local.

¿Puedo beneficiarme con la publicidad sin tener que pagar por ella?

Claro que puede, y muchas empresas (especialmente minoristas) lo hacen.

La clave está en la publicidad compartida, y muchas empresas pueden acceder a ella con poco o ningún costo. Veamos cómo funciona: si usted vende artículos que compra a la Top-Notch Widget Corporation, está en condiciones de obtener que el fabricante, y/o el distribuidor con quien trabaja, coloque un aviso en un diario que anuncia los productos de Top-Notch... ¡y la dirección de su local! Existe la posibilidad de que usted pueda beneficiarse con un programa que ya existe. Averigüe entre sus proveedores.

La razón por la cual muchos grandes fabricantes y organizaciones del medio ven con agrado esta posibilidad, es sencilla de explicar. Ellos necesitan de usted. En el tipo de empresas como la suya, que trata directamente con el público consumidor, reviste mucha importancia la "cadena" que comienza en la fábrica y termina en su caja registradora. Si ellos logran poner de relieve determinado artículo de venta al por menor interesando a consumidores calificados, las ventas se acrecentarán... y todo el mundo contento.

Por supuesto, cada ramo es diferente, y no todas las empresas están en condiciones de obtener beneficios de la publicidad compartida. Pero, en general, es una excelente idea hallar un programa capaz de levantar las ventas por poco o ningún gasto.

¿Cómo puedo beneficiarme gratuitamente con el trabajo de investigación demográfica y de mercado que realizan las grandes compañías?

> Es muy sencillo. Observe sus comerciales.

No los mire con los ojos de un consumidor. Mírelos como lo haría un anunciante; como empresario. ¡Vea! Hay un comercial de Megafoods Incorporated, que pasa un aviso en el noticiero de la noche. Han gastado un montón de dinero para hacer transmitir ese mensaje de treinta segundos. Con seguridad que no lo habrán decidido sin antes analizar cuidadosamente todas las posibilidades de mercado, los grupos de consumidores y el ambiente de competencia dentro del cual desenvuelven sus actividades. Probablemente no es posible comparar su empresa con la de ellos. Pero de todos modos usted puede sacar buen partido —sin el menor costo— de sus ideas para aplicarlas en su propio trabajo de marketing.

Grabe en su videocasetera los comerciales que se repiten con frecuencia. Luego, mírelos con toda atención. Usted se beneficiará de los miles de dólares invertidos en la investigación de mercado.

¿A quién se dirige el aviso? (Prácticamente en casi todos los casos no es al "público en general", sino más bien a un discreto sector).

¿Cuál es la supuesta edad de la audiencia? ¿Su nivel económico? ¿La formación cultural? ¿De qué manera el mensaje logra captar la atención del grupo? ¿Cuáles son los intereses o las predisposiciones que explota el anuncio? ¿Cuál es el mensaje que transmite el aviso?

Hay mucha gente que hace suyo el popular mito de que la publicidad (y en especial la publicidad masiva) dirige el gusto y las preferencias del público. Nada más alejado de la verdad. Si los anunciantes pudieran hacer esto, serían hipnotizadores, no comercializadores, y los millones y millones de dólares que se gastan anualmente en las investigaciones de audiencia y los estudios que se realizan para determinar las preferencias del público, representarían un demasiado caro ejercicio de idiotez. Lo que pueden hacer los anunciantes es motivar, informar y persuadir. Pero de ningún modo obligar. Y nada pueden hasta entender a la perfección las necesidades, intereses y predisposiciones de la audiencia a la que quieren llegar.

Seguramente usted habrá tenido la experiencia de estar mirando un aviso y decirse para sus adentros: "Este es el aviso más estúpido que he visto en mi vida". Aun más, se puede preguntar por qué razón el anunciante sigue pasándolo una y otra vez siendo tan obviamente de inferior calidad. Tenga la seguridad de que si el anuncio corresponde a una empresa de envergadura y ha sido programado por una agencia de relieve, no fue antes de haber tomado todos los recaudos respecto de las preferencias del público al cual va dirigido. El "estúpido aviso" con seguridad ha sido comparado con docenas de otras posibilidades, y demostró ser capaz de rendir mejores resultados. Y el simple hecho de que usted sigue viendo el aviso una y otra vez, ¡es la prueba palmaria de su efectividad! ¿Por qué alguien pagaría para seguir transmitiendo un aviso que no funciona?

Uno de los puntos que hay que tener presentes en este sentido es que Procter and Gamble, IBM, McDonald's o no importa cuál de los mayores anunciantes no se preocupan por hacer arte. Ellos pretenden llegar y motivar a los consumidores que están en condiciones de adquirir sus productos. Si observa la cantidad de empresas que hacen precisamente esto, terminará por descubrir algunos hechos importantes del mercado y las preferencias de los consumidores que le ayudarán a que su empresa encuentre la vía más exitosa para llegar a los clientes.

Estoy gastando
un montón de
dinero en nuestro
material
de promoción.
¿Qué puedo hacer?

No tiene por qué gastar una fortuna para obtener los mejores resultados de su catálogo, listas de mailing y otros materiales relacionados con la promoción.

Uno de los mejores pasos que puede dar es obtener, adquiriéndola, o en alquiler, una buena computadora impresora. Está viviendo en la era de la informática... ¡Aprovéchelo! Invierta dinero en un sistema de computación de buena calidad. Aprenda su manejo y opere con él. Ahorrará los miles de dólares que invertiría en la impresión del material. El tipo laser-jet tiene muchas posibilidades pero no olvide que la tecnología se va perfeccionando día tras día.

No imprima en linotipia, sino como último recurso.
Veamos por qué.

OBJETIVO: Catálogo limpio, bien impreso y de aspecto profesional. Posibilidades: Linotipia versus láser-jet publishing system.

LINOTIPIA PROFESIONAL

Tipografía de alta calidad.
Ninguna inversión por adelantado; PERO costo elevado.
El montaje es inadaptable para pequeñas noticias.
Poco aprovechamiento para otras tiradas.
Una nueva tirada no puede ser reeditada rápidamente y sin gastos, si se detectan tardíamente errores en el proceso de producción.
Es común el recargo por las alteraciones que se introducen.
Usted debe trabajar según los cronogramas del impresor. Son frecuentes las demoras. Los recargos por "urgencia", por lo general no están contemplados en el presupuesto. Constituyen un recurso poco original.

Tipografía de alta calidad.

Alguna inversión previa; PERO muy bajo costo de aprovechamiento.

Copiado inmediato de noticias breves; bajo costo para otras tiradas.

La grabación permanece registrada en sus disquettes.

Se puede reeditar rápidamente y sin ningún gasto si hubo errores detectados en el proceso de producción.

Usted planifica el trabajo de acuerdo con su propio cronograma. Si necesita algo para las ocho de la mañana del lunes, puede comenzar a trabajar en ello el domingo a las dos de la tarde — cuando la imprenta está cerrada. El único gasto extra es su propio tiempo.

Es cierto que la instalación de una computadora-grabadora de primerísima calidad requiere alguna inversión inicial. No obstante, los inconvenientes, demoras y exhorbitantes costos por ejemplar de la imprenta tradicional, le saldrían más caros. Lo mejor es disponer de 3.000 a 4.000 dólares para comprar una computadora de alta calidad. Después, olvídese de su impresor, salvo para la ejecución de trabajos especiales.

Por supuesto que si usted ya tiene una computadora, es muy posible que lo único que necesite sea una impresora láser-jet y uno de los mejores softwares. Hay muchos para elegir. Cualquiera sea su decisión, fíjese antes en cómo se lo ve en la práctica. No se fíe de folletos ni argumentos de venta. Debe advertir perfectamente cuán bueno o pobre puede ser un software para sus fines, antes de adquirirlo. Una vez comprado y dedicado tiempo a trabajar con el sistema, será ya demasiado tarde para efectuar en él los cambios necesarios sin incurrir en gastos considerables.

¿Cómo puedo conseguir en la agencia una buena lista de mailing, sin gastar dinero?

Las listas que usted puede comprar (o alquilar) en una agencia tienen desventajas. Se desactualizan rápidamente. Por lo tanto no es posible mantenerlas por mucho tiempo (más de un mes). Además, normalmente sólo se usan una vez, pues están programadas para detectar quiénes reiteran su uso (violando así el contrato con la agencia). Francamente no las recomendamos. Para seleccionar la mejor deberá gastar llamadas telefónicas y traducir mucho lenguaje técnico.

Y esto es el colmo de la ironía: muchas empresas utilizan estos servicios sin aprovechar el mejor: la lista se consigue gratuitamente y puede usarse todas las veces que se quiera sin violar cláusulas de ningún contrato. Además, puede indicar a la empresa cuáles son los mejores futuros clientes. Y todo esto no requiere conocimiento de la jerga industrial ni de términos técnicos.

Por supuesto, es la lista de sus clientes habituales. Con la aparición de los muy asequibles sistemas de computación personal, ya es imperdonable olvidar, sin usarla, la lista de vital importancia de sus envíos. Ponga a trabajar esta información. Consígase un buen archivo de datos con un buen programa de software (existen algunas excelentes variantes de "shareware" que se obtienen en cómodas cuotas. Véase el capítulo referente a software). A continuación, confeccione su lista para envíos de primera calidad y también para el trabajo de telemarketing o de venta personal.

(Aunque usted no tenga una computadora personal, puede aprovechar las listas de sus clientes. Simplemente pase a máquina sus nombres en una hoja común y saque copias del mismo tamaño en la casa de copiado que hay a la vuelta de la esquina).

Pronto verá los resultados de esta posibilidad que no requiere ningún presupuesto. ¡Y eso porque la gente a la que usted llegue de este modo ya ha expresado suficiente interés en sus productos o servicios como para comprarlos! ¿Qué lista mejor calificada podría conseguir? Una lista "viva" es uno de los mayores aciertos de su empresa. Si la deja de usar, eso equivale a tirar la plata por la ventana.

La lista de mis clientes no es demasiado extensa y deseo llegar a nuevos y calificados posibles compradores. ¿Cómo hago?

Para muchas compañías es una alternativa costosa conseguir listas en las grandes agencias... aunque la de sus propios clientes no alcance a satisfacer sus expectativas en cuanto al tipo de público al que piensan dirigirse.

Al igual que muchas empresas, la suya probablemente esté suscrita a algún tipo de publicación comercial. Es un periódico dirigido solamente a un público restringido (pero de singular importancia en determinados ambientes).

Muchas publicaciones de este tipo son difíciles, si no imposibles de encontrar a la venta en los puestos de prensa corrientes, y en esto reside, precisamente, la oportunidad que usted puede aprovechar. Muchos de los lectores de estos periódicos sólo los reciben por suscripción. Si el grupo al cual usted desea dirigirse es el que elige esas publicaciones especializadas (¡quizá la misma que usted lee!) lo que puede hacer es dirigirse al periódico y tratar con ellos la manera de obtener la lista de suscriptores.

Es preferible comprar la lista en vez de alquilarla. De este modo usted tendrá el derecho de usarla cuantas veces quiera. Los precios pueden variar sustancialmente de publicación en publicación. Sin embargo, tomándose el trabajo de hacer una pequeña investigación, podrá procurarse una lista excelente a bajo costo.

Muchas pequeñas empresas, interesadas solamente en un grupo selecto de posibles compradores en un área geográfica específica, podrán obtener listas de alto rendimiento. Por ejemplo, una empresa de plomería deberá solicitar una lista de los nuevos propietarios o empresas constructoras en una determinada zona.

En este mismo sentido, otra buena idea es efectuar una promoción que requiera la presentación de la tarjeta comercial del público. Funcionará como un "registro de admisión". Esta técnica suele usarse a veces en las exposiciones del comercio y la industria, y es aplicada también ocasionalmente por algunos restaurantes que tratan de atraer nuevamente a determinados clientes. Una vez clasificadas las tarjetas según su propio sistema, usted tendrá a su disposición una lista de alta probabilidad de éxito —aunque ello depende, por supuesto, de su habilidad para usarla.

¿Cómo puedo obtener software gratuito para usarlo en mi trabajo de marketing?

Esta pregunta suena a procedimiento ilegal, inmoral o por lo menos comprometedor. Sin embargo, aunque esto parezca sospechosamente fácil de hacer, es posible conseguir software de primerísima calidad para la tarea de marketing —legalmente— por la suma neta de cero dólares.

La respuesta al sueño de toda persona consciente de su presupuesto se llama: "shareware". Es decir, el software compartido. Este es un software desarrollado por programadores independientes, no adoptado por las grandes compañías que deben afrontar el pago de numerosos salarios y grandes gastos de mantenimiento. La idea del "shareware" suele ponerse en práctica de esta manera: el programador invierte su tiempo en desarrollar una pieza de software para determinada aplicación (un procesador de palabras, por ejemplo); la distribuye sin cargo, por sí mismo o por conducto de varios otros dedicados a la computación —pero solicitando un pago voluntario, por lo general menor a los 50 dólares—, que debe ser entregado cada vez que se use.

Además, cl "plato fuerte" de un programa de "shareware" consiste en solicitar al usuario que pase una copia del mismo a socios o amigos que pudieran interesarse por él. Esto da como resultado una especie de red "subterránea" de posibles usuarios. Cierto porcentaje de ellos estará dispuesto a pagar voluntariamente la suma sugerida. Esto permite al programador (por lo menos en teoría) obtener alguna ganancia por el tiempo invertido.

Una de las preguntas que suele hacer la gente respecto del "software" es si puede o no haber problemas con la calidad de los programas. La respuesta es —contundentemente— no. Por cierto que si usted consigue un buen programador y examina detenidamente el programa antes de adquirirlo. En verdad, existen muchos programas de pésima calidad en circulación. Pero lo bueno es que para probarlos no se debe pagar nada, ¡y usted no tiene por qué usarlo una vez probado! De todos modos, no se arriesga nada probando cuántos programas de "shareware" existen. Por otra parte, usted se encontrará frecuentemente con la sorpresa de que alguno de éstos sea, de acuerdo con sus necesidades, de mejor calidad que los programas comerciales.

No pueden obtenerse todas las aplicaciones en el "shareware", pero las más esenciales (archivo de datos, procesador de palabras) están abundantemente representados. Consulte en el negocio de computación del cual es cliente cómo puede obtener programas de "shareware".

¿Por qué el económico sistema de encuestas es un camino para alcanzar mayores ganancias?

Este es un asunto que pocas pequeñas empresas están dispuestas a aceptar. Pero el hecho es que el sistema de encuestas de bajo costo representa una oportunidad única (y tiempo bien gastado), aunque no lo parezca.

Si usted está chequeando una nueva idea (antes de venderla a todo el mundo) es posible que incurra en lamentables errores... sin peligro de correr riesgos. Si "A" trata de matarlo ofreciéndole grandes dosis de alguna sustancia, usted puede probar una ínfima porción de la misma y declarar despreocupadamente: "¿Sabe lo que pasa? ¡Me parece que esto es veneno!".

Por el contrario, si "B" tiene la intención de proporcionarle grandes ganancias, usted puede probar igualmente una pequeña porción de lo que le ofrece, considerar que le gusta y DESPUÉS, entrar en el negocio decididamente. Ni en uno ni en el otro caso estará arriesgando la "vida" de su empresa (es decir, su rentabilidad).

¿Cuál puede ser la mejor alternativa? La entrega total a cualquier idea que pueda sonar interesante. Como ya se imagina, esto puede ser extremadamente peligroso. ¿Por qué arriesgar nada si no hay razón para hacerlo? Verifique cada detalle. Es lo que hacen constantemente las empresas más importantes cuando están en juego millones de dólares de la firma.

¿No es extraño que muchas compañías más pequeñas frecuentemente consideren que deben arriesgar todo lo que tienen? ¿No es extraño, también, que el 80% de estos arriesgados terminen quebrando al cabo de unos pocos años?

Entonces, ¿cómo puede actuar usted? Muy sencillamente. Digamos que se le han ocurrido nueve ideas nuevas. (Pueden referirse a un nuevo producto o servicio, una campaña de difusión, o una idea inédita para presentar un producto. En una palabra, uno puede po-

ner a prueba todo lo que implique un gasto de dinero).
Consigne cada una de las ideas en una ficha.

Una vez hecho esto, diríjase a un grupo de gente
"clave" y pregúntele si quisiera participar en una encuesta de carácter informal. Por supuesto que cuanto
más grande sea el grupo, mejor. Solicite a los participantes que clasifiquen las fichas. Es importante el lenguaje que use. Indíqueles que deben colocar las fichas
en "el orden que le parezca de mayor importancia". (¡No
trate de modificar esta fórmula! ¡Ha demostrado ser la
más efectiva!). Recoja sus respuestas y después de ta-
bular los resultados, califique las ideas del uno al cinco.
. La que resulte ganadora, será la que deba adoptar.
No se enamore de ninguna idea. ¡Qué importancia tiene
eso, si otra puede hacerlo rico!

Una sugerencia importante: ofrezca siempre la mayor cantidad de opciones. No le pregunte nunca a la
gente "¿Le gusta esto?". La interpretación del interrogado será que debe responder sí, para no partirle el corazón. Entre las opciones incluya algún producto, servicio, o idea de la competencia — o alguna alusión a los
mismos.

Otra posibilidad que da buenos resultados (y que
ha sido trabajada) es la prueba del producto. Tome algunas muestras de su producto y distribúyalas. Haga
que la gente lo use y le escriba luego la opinión que le
merece. Pregúntele qué es lo que más le gusta de él,
por qué, cómo se podría mejorar. Quizá usted prefiera,
además, formalizar la encuesta proveyendo un cuestionario a cada uno de los usuarios. Este tipo de encuesta
es sumamente barata y puede dar excelentes resultados. Trate de obtener por lo menos una docena de respuestas, pero lo ideal es contar con cien o más.

También puede considerar la posibilidad de efectuar un test de mercado en pequeña escala. Trasládese

a una localidad pequeña (o bien use una reducida lista de mailing, o algún otro medio modesto). Trate de imaginar un argumento capaz de convencer a unos pocos negocios para que expongan su producto a modo de prueba. Esté atento a lo que pase y analice cuidadosamente los resultados. No se tome todo este trabajo ni desperdicie una información de vital importancia si no ha de tener en cuenta los verdaderos alcances.

No haga sino encuestas reducidas. No se cierre a ideas preconcebidas. Asegúrese de que las cosas no se le escapen de las manos. Después de todo un test no tiene por qué sacarle canas. Deje esto para cosas de mayor importancia.

Los tests bien concebidos le evitarán dolores de cabeza, úlceras, desastres... de todo, porque las pequeñas empresas ya tienen bastante para preocuparse. ¡Fíjese antes de arriesgarse!

www.ingramcontent.com/pod-product-compliance
Lightning Source LLC
Chambersburg PA
CBHW060329200326
41519CB00011BA/1880